BEI GRIN MACHT SICH IHR WISSEN BEZAHLT

- Wir veröffentlichen Ihre Hausarbeit,
  Bachelor- und Masterarbeit

- Ihr eigenes eBook und Buch -
  weltweit in allen wichtigen Shops

- Verdienen Sie an jedem Verkauf

Jetzt bei www.GRIN.com hochladen
und kostenlos publizieren

Bibliografische Information der Deutschen Nationalbibliothek:

Die Deutsche Bibliothek verzeichnet diese Publikation in der Deutschen National-
bibliografie; detaillierte bibliografische Daten sind im Internet über http://dnb.d-
nb.de/ abrufbar.

Dieses Werk sowie alle darin enthaltenen einzelnen Beiträge und Abbildungen
sind urheberrechtlich geschützt. Jede Verwertung, die nicht ausdrücklich vom
Urheberrechtsschutz zugelassen ist, bedarf der vorherigen Zustimmung des Verla-
ges. Das gilt insbesondere für Vervielfältigungen, Bearbeitungen, Übersetzungen,
Mikroverfilmungen, Auswertungen durch Datenbanken und für die Einspeicherung
und Verarbeitung in elektronische Systeme. Alle Rechte, auch die des auszugsweisen
Nachdrucks, der fotomechanischen Wiedergabe (einschließlich Mikrokopie) sowie
der Auswertung durch Datenbanken oder ähnliche Einrichtungen, vorbehalten.

Impressum:

Copyright © 2016 GRIN Verlag, Open Publishing GmbH
Druck und Bindung: Books on Demand GmbH, Norderstedt Germany
ISBN: 9783668375413

Dieses Buch bei GRIN:

http://www.grin.com/de/e-book/350885/risikomanagement-in-westeuropaeischen-
kleinen-und-mittleren-unternehmen

Martin Lössl

Risikomanagement in westeuropäischen kleinen und mittleren Unternehmen

GRIN Verlag

GRIN - Your knowledge has value

Der GRIN Verlag publiziert seit 1998 wissenschaftliche Arbeiten von Studenten, Hochschullehrern und anderen Akademikern als eBook und gedrucktes Buch. Die Verlagswebsite www.grin.com ist die ideale Plattform zur Veröffentlichung von Hausarbeiten, Abschlussarbeiten, wissenschaftlichen Aufsätzen, Dissertationen und Fachbüchern.

Besuchen Sie uns im Internet:

http://www.grin.com/

http://www.facebook.com/grincom

http://www.twitter.com/grin_com

Inhaltsverzeichnis

Abbildungs- und Tabellenverzeichnis

1 Einleitung

1.1 Problemstellung und Relevanz

Unternehmen mit einer hohen Anzahl an Geschäftsbeziehungen sind einer Fülle von Risiken, beispielsweise Market Risks, Credit Risks, Technology Risks und Business Riks ausgesetzt. Manche Unternehmen gehen wissentlich erhebliche Risiken ein, andere wiederum versuchen bewusst Risiken zu minimieren. Die Forschung auf dem Gebiet des Risikomanagements in westeuropäischen kleinen und mittleren Unternehmen ist generell ausbaufähig, obwohl bereits einige Artikel dazu vorhanden sind, da in der Vergangenheit der Fokus in der Forschung sehr stark auf Großunternehmen gesetzt wurde. Durch die Globalisierung und stetig voranschreitende Vernetzung der Wirtschaft ist Risikomanagement jedoch auch für kleinere Betriebe nötig.

In der Regel setzen Unternehmen Absicherungsmaßnahmen, die in der Theorie und Praxis dem Risikomanagement zugeordnet werden können – dies ist beispielsweise dann der Fall, wenn eine Versicherung abgeschlossen, die IT-Sicherheit verbessert oder Rohstoffe von verschiedenen Lieferanten bezogen werden. Von Interesse für die Forschung ist es, mit welchen Risiken westeuropäische KMUs konfrontiert sind und welche Risikomanagement-Maßnahmen von ihnen eingesetzt werden, um die Risiko-Exposures zu reduzieren.

1.2 Zielsetzung der Arbeit

Es soll ergründet werden, welche Risikomanagement-Maßnahmen von westeuropäischen kleinen und mittleren Unternehmen gesetzt werden, um das Risiko-Exposure eines Unternehmens zu reduzieren. Weiters soll herausgefunden werden, ob und wie Unternehmen von Risiken betroffen sind. Weiters soll untersucht werden, wie mit existierenden Risiken umgegangen wird, also ob vorhandene Risiken vermieden, akzeptiert, reduziert oder geteilt werden.

Basierend auf den Erkenntnissen aus der Masterarbeit und der verwenden Literatur lassen sich beispielsweise Rückschlüsse darauf ziehen, welche Phasen eines Risikomanagement-Prozesses in KMUs von Relevanz sind, ob Risiken identifiziert werden oder ob komplett darauf verzichtet wird. Wenn von einem Unternehmen Risiken identifiziert wurden, stellt sich die Frage, wie auf Risiken reagiert wird, ob die regelmäßige Kontrolle und Verbesserung der Instrumente im Vordergrund steht und ob die eingesetzten Risikomanagement-Systeme einer regelmäßigen, externen Evaluation – beispielsweise durch Wirtschaftsprüfer, die auf den Teilbereich KMUs spezialisiert sind - unterzogen werden.

1.3 Vorgehensweise

Basierend auf der verwendeten Literatur soll ein umfassender Überblick zum Stand der Forschung im Themenfeld „Risikomanagement in kleinen und mittleren Unternehmen" erstellt werden.

Mittels einer Systematic Literature Review nach Tranfield soll herausgefunden werden, mit welchen Risiken westeuropäische kleine und mittlere Unternehmen konfrontiert sind und welche Risikomanagement-Maßnahmen gesetzt werden, um die Risiko-Exposures zu reduzieren.

Es werden Kategorien gebildet, um alle Aspekte des Risikomanagements in kleinen und mittleren Unternehmen abzudecken. Folgende Kategorisierung wird verwendet: Risikoarten in kleinen und mittleren Unternehmen; Risikomanagement-Prozess in kleinen und mittleren Unternehmen sowie Risikomanagement-Maßnahmen in kleinen und mittleren Unternehmen.

1.4 Aufbau der Arbeit

Zu Beginn des 2. Kapitels – dem Hauptteil - wird zunächst die Forschungs-frage erläutert, gefolgt von einer Definition und Klärung der verwendeten Begriffe und Fachtermini. In Kapitel 2.3 wird die Methode der vorliegenden Masterarbeit näher erläutert. Das darauffolgende Kapitel bildet das Kern-stück der vorliegenden Masterarbeit.

Das Kapitel 0 „Analyse", ist in die Abschnitte „Deskriptive Analyse" und „Thematische Analyse" unterteilt. Im Kapitel 2.3.4.1 „Deskriptive Analyse" werden die Arbeiten, welche die Basis der Systematic Literature Review bil-den, übersichtlich dargestellt und beschrieben. Im Kapitel 2.3.4.2 „Themati-sche Analyse" werden die in der Literatur erwähnten Risikoarten mit der Li-teratur zu Risikomanagement-Ansätzen verglichen. Darüber hinaus werden Risikomanagement-Maßnahmen der zugrundeliegenden Literatur mit dem Risikomanagement-Prozess vergleichen, welcher in Kapitel 2.2.4.1 genauer erklärt wird.

Am Ende der Arbeit werden die Ergebnisse übersichtlich zusammengefasst und in Kapitel 3 „Conclusio" werden die Schlussfolgerungen verdichtet dar-gelegt. Den letzten Teil der Arbeit bildet das Kapitel 4 „Einschränkungen", in welchem auf Limitationen und Grenzen dieser Arbeit hingewiesen wird.

2 Hauptteil

2.1 Forschungsfrage

Manche Unternehmen versuchen bewusst ihre Risiken zu minimieren, andere Firmen gehen wissentlich Risiken ein. Das Ziel dieser Masterarbeit ist es, herauszufinden mit welchen Risiken westeuropäische KMUs konfrontiert sind und welche Risikomanagement-Maßnahmen von den Unternehmen gesetzt werden, um die Risiko-Exposures zu reduzieren.

Mit welchen Risiken sind westeuropäische kleine und mittlere Unternehmen konfrontiert und welche Risikomanagement-Maßnahmen werden gesetzt, um die Risiko-Exposures zu reduzieren?

2.2 Begriffsklärungen

2.2.1 KMU

Ein kleines und mittleres Unternehmen (KMU), in der englischen Sprache oftmals als small and medium-sized enterprise (SME) oder small and medium-sized business (SMB) bezeichnet, ist ein Unternehmen, welches je nach Definition Schwellenwerte nicht überschreitet. Die Europäische Kommission definiert ein KMU wie folgt: „KMUs sind Firmen, welche weniger als 250 Mitarbeiter beschäftigen und zusätzlich einen Jahresumsatz von weniger als 50 Millionen Euro oder eine Bilanzsumme von weniger als 43 Millionen Euro haben."[1]

---

[1] European Commission (2003, S. 36-41)

Innerhalb der Europäischen Union (EU) sind 90 % der Unternehmen KMUs und stellen das wirtschaftliche Rückgrat der EU dar. KMUs schaffen 2 von 3 Arbeitsplätzen, allein im Jahr 2013 beschäftigten KMUs 90 Millionen Arbeitnehmer innerhalb der EU. Zusätzlich fördern KMUs Innovation und inspirieren potentielle Gründer dazu, selbst ein Unternehmen zu gründen. Sie beleben damit den Wettbewerb, das Wirtschaftswachstum sowie die Beschäftigung.[2]

In weiterer Folge wird statt dem Begriff „kleines und mittleres Unternehmen" die Abkürzung „KMU" verwendet.

2.2.2 Risiko

Risiko ist ein allgegenwärtiges Phänomen. Risikobehaftete Situationen sind beispielsweise der Handel mit Rohstoffen, die Gründung eines Unternehmens oder die Ausübung einer Extremsportart. Auch wenn diese Situationen auf den ersten Blick sehr unterschiedlich und zusammenhanglos erscheinen, haben sie doch zwei Gemeinsamkeiten. Erstens: in allen Situationen ist es den Beteiligten wichtig, über die Konsequenzen oder ihres Handelns Bescheid zu wissen – sie sind also der Situation ausgesetzt. Weiters können die beteiligten Personen aber nicht vorhersagen, was in der Zukunft passieren wird – die Ergebnisse ihres Handelns sind also unsicher. Eine wichtige Feststellung ist deshalb, dass sich Risiko aus Exposure und Unsicherheit über das zukünftige Ergebnis zusammensetzt.[3]

---

[2] European Commission (2003, S. 36-41)

[3] Holton (2004, S. 22)

Im Kontext dieser Masterarbeit wird häufig erwähnt, dass Unternehmen Risiken gegenüberstehen. In Wirklichkeit sind es aber nicht Unternehmen, die mit Risiken konfrontiert sind, sondern die dahinterstehenden Personen – Geschäftsführer, Mitarbeiter, Investoren – welche jeweils Handlungen setzen und damit Risiken eingehen.[4] Aufgrund der einfacheren Verständlichkeit wird in den folgenden Kapiteln jedoch darauf verzichtet, die involvierten Personen im Unternehmen zu nennen, außer es ist für das Verständnis zwingend erforderlich. Die Wahrscheinlichkeit eines bestimmten Ereignisses und dessen Auswirkungen. ermöglichen es, von positiven Entwicklungen zu profitieren, gleichzeitig läuft man aber Gefahr, von negativen Entwicklungen bedroht zu werden.[5]

Am Beginn des Hauptteils dieser Masterarbeit ist es wichtig, aus der vorhandenen Risikomanagement-Literatur eine passende Definition für Risiko zu finden. Der Begriff Risiko lässt sich nur schwer einheitlich über alle Risikoarten hinweg definieren. Darüber hinaus wird der Begriff in der untersuchten Literatur nur selten explizit erwähnt und erklärt. In 2 untersuchten Artikeln wird auf die Definition der International Organization for Standardization zurückgegriffen, welche die Auswirkungen von Unsicherheit auf vorher festgelegte Ziele als Risiko definiert. Diese Folgen sind Abweichungen von einem erwarteten Ergebnis und können sowohl positiv als auch negativ sein.[6] Die unterschiedlichen Risikoarten werden im Kapitel 2.4.2.1 genauer beschrieben.

Darüber hinaus wird Risiko von Philippe Jorion, einem Forscher auf dem Gebiet des Risikomanagements, als die Streuung von möglichen Ereignissen

---

[4] Holton (2004, S. 22)

[5] The Institute of Risk Management (2002, S. 2)

[6] International Organization for Standardization (2009, 2.1); Leitch (2010, S. 888-889)

interpretiert. Eine breite Normalverteilung der Ereignisse ist gleichzusetzen mit einem höheren Risiko, im Gegensatz dazu versteht man unter einer engen Verteilung ein geringeres Risiko.[7] Mit dieser Definition wird in der untersuchten Literatur zwar nicht gearbeitet, sie soll aufgrund des Einflusses des Autors jedoch nicht unerwähnt bleiben. Weiters findet der bekannte Risikomessungsansatz des Autors – Value at Risk – in der untersuchten Literatur keine Erwähnung und hat folglich für die Autoren dieser Artikel und die darin erwähnten KMUs keine Relevanz. Beim Value at Risk handelt es sich um den maximalen Verlust, welcher innerhalb einen festgelegten Zeitraums auftreten kann.[8]

2.2.3 Exposure

Ein zentraler Begriff in der Risikomanagement-Theorie ist das Exposure bzw. Ausgesetztsein. Um Exposure handelt es sich jedoch nur, wenn man sich dafür interessiert, was nach einem bestimmten Ereignis passiert, wenn also ein selbstbewusstes Individuum einem bestimmten Vorhaben ausgesetzt ist und sich über das (unsichere) Ergebnis interessiert, ihm also nicht gleichgültig gegenübersteht.[9] In den folgenden Kapiteln wird die englische Übersetzung „Exposure" für Ausgesetztsein verwendet, da diese auf dem Fachgebiet des Risikomanagements – auch im deutschsprachigen Kontext - gebräuchlicher ist.

---

[7] Jorion (2007, S. 88-91)

[8] Jorion (2007, S. 106)

[9] Holton (2004, S. 22)

2.2.4 Risikomanagement

Risikomanagement bzw. Enterprise Risk Management wird vom US-amerikanischen Committee of Sponsoring Organizations of the Treadway Commission (COSO), eine der wichtigsten internationalen Organisationen, welche Enterprise Risk Management erforscht und fördert[10], wie folgt definiert: Enterprise Risk Management (ERM) ermöglicht es, Unsicherheiten und die daraus resultierenden Risiken und unternehmerischen Gelegenheiten zu vermeiden oder nutzbar zu machen. Unter Enterprise Risk Management (ERM) versteht man einen Prozess, welcher durch den Vorstand, den Aufsichtsrat, die Geschäftsführung oder durch andere Mitarbeiter ausgeführt wird. Diese Gremien oder Personen sind verantwortlich für die Definition einer Unternehmensstrategie, welche in weiterer Folge Ereignisse ausfindig machen soll, die die Organisation beeinflussen können. Weiters soll die Risikoneigung der Firma – also das Maß, an Bereitschaft, Risiken einzugehen – berücksichtigt werden, um Sicherheit hinsichtlich der Realisierung der Organisationsziele zu gewährleisten.[11]

Die Definition des COSO wurde deswegen ausgewählt, da sie in der Risikomanagement-Literatur oft zitiert wird.[12] Eine Herausforderung bei der Implementierung eines ERM-Prozesses ist es, den passenden Führungsstil für die Identifikation, Bewertung, Messung und Reaktion auf alle Risiken, welche im Unternehmen auftreten können, zu finden.[13]

---

[10] Oliva (2016, S. 68)

[11] Committee of Sponsoring Organizations of the Treadway Commission (2004, S. 2)

[12] Beasley, Clune und Hermanson (2005, S. 522-523); Brustbauer (2015, S. 72); Fraser, Schoening-Thiessen und Simkins (2008, S. 73); Oliva (2016, S. 68)

[13] Beasley, Pagach und Warr (2008, S. 314)

2.2.4.1 Risikomanagement-Prozess

Um das Risikomanagement innerhalb eines Unternehmens zu erleichtern, gibt es vordefinierte Handlungsanleitungen, um die Führungskräfte bei ihren Entscheidungen zu unterstützen. Das oben erwähnte Committee of Sponsoring Organizations of the Treadway Commission hat acht Komponenten eines Risikomanagement-Prozesses definiert:[14]

Das Internes Umfeld beinhaltet die Kultur, Risikoneigung und ethische Werte innerhalb des Unternehmens. Wie werden Risiken von Mitarbeitern gesehen und wie wird darauf reagiert? Bevor man risikobehaftete Situationen erkennen kann, muss man wissen, welche Ziele von den Risiken beeinflusst werden können, es muss also eine Festlegung von Zielen erfolgen. Ein erfolgreiches ERM soll sicherstellen, dass alle Ziele klar definiert und im Einklang mit der Risikoneigung des Unternehmens sind.

Bei der Ereignisidentifikation geht es darum, interne und externe Ereignisse, welche die Ziele einer Organisation beeinflussen können, zu identifizieren. Sollte es sich bei dem identifizierten Ereignis nicht um ein Risiko, sondern um eine unternehmerische Gelegenheit handeln, werden diese zurück an die Verantwortlichen für die Zielfestlegung weitergeleitet. Bei der Komponente Risikobeurteilung werden Risiken hinsichtlich ihrer Eintrittswahrscheinlichkeit und ihrem Einfluss quantifiziert, um in weiterer Folge Entscheidungen über die Behandlung der Risiken treffen zu können. Im Kontext der Komponente Risikosteuerung muss entschieden werden, ob Risiken vermieden, akzeptiert, reduziert oder geteilt werden. Die Risikomanagement-Verantwortlichen sollen – entsprechend der Risikoneigung des Unternehmens – Risikomanagement-Maßnahmen definieren. Kontrollaktivitäten, also Regelungen und Abläufe, sollen gewährleisten, dass die Risikosteuerungs-Maßnahmen effi-

---

[14] Committee of Sponsoring Organizations of the Treadway Commission (2004, S. 3-4)

zient durchgeführt werden. Im Rahmen der Komponente Information und Kommunikation werden wichtige Informationen identifiziert, gesammelt und in einer dafür passenden Form weitergegeben. Erfolgreiche Kommunikation verläuft über alle Hierarchieebenen einer Organisation und ist nicht an eine bestimmte Richtung (aufwärts, abwärts oder seitlich) gebunden. Schließlich dient Überwachung bzw. Monitoring dazu, das gesamte ERM zu überwachen, damit notwendige Anpassungen vorgenommen werden können. Die Überwachung erfolgt durch kontinuierliche Aktivitäten des Managements und/oder separate Evaluierungen.

Die genannten ERM-Komponenten müssen nicht aufeinanderfolgend durchlaufen werden, da Risikomanagement in einem Unternehmen nicht linear abläuft. Dies bedeutet, dass jede Komponente eine andere Komponente beeinflussen kann.[15]

2.3 Methodik: Systematic Literature Review

Zur Untersuchung der existierenden Literatur wird die Methode der Systematic Literature Review verwendet.[16] Die Arbeit von David Tranfield, David Denyer and Palminder Smart aus dem Jahr 2003, veröffentlicht im British Journal of Management, hat in den Wirtschaftswissenschaften auf dem Gebiet der systematischen Übersichtsarbeiten oder Literature Reviews bedeutenden Einfluss erlangt.[17]

---

[15] Committee of Sponsoring Organizations of the Treadway Commission (2004, S. 4)

[16] Tranfield, Denyer und Smart (2003, S. 214-219)

[17] Bouncken, Komorek und Kraus (2015, S. 408); Dubey (2015, S. 3); Durach, Wieland und Machuca (2015, S. 120); Falkner und Hiebl (2015, S. 123); Hansen und Schaltegger (2016, S. 194)

Die verwendete Methode ist in der Wissenschaft bewährt und deshalb gut geeignet, um das Risikomanagement in westeuropäischen KMUs zu untersuchen. Ihren Ursprung hat die Methode in der evidenzbasierten Medizin. Hierbei handelt es sich um ein Teilgebiet der medizinischen Forschung, welche sich auf empirische Belege stützt und stark von der evidenzbasierten Bewegung beeinflusst wurde.[18]

In den 1990er Jahren hat die Medizinwissenschaft die Vorgehensweise bei Literature Reviews sukzessive verbessert und bemerkenswerte Fortschritte auf diesem Gebiet gemacht. Der Review-Prozess wurde dahingehend verbessert, dass Forschungsergebnisse im Rahmen einer systematischen, transparenten und reproduzierbaren Art und Weise zusammengefasst werden. Auf Grundlage dieser verbesserten Review-Ergebnisse treffen in weiterer Folge Ärzte und sonstige Führungskräfte ihre Entscheidungen.[19]

Außerdem wurden in den 1990er Jahren einige Organisationen mit der Zielsetzung gegründet, Standards für Systematic Literature Reviews in der Medizin festzulegen. Drei dieser Institutionen sind die Cochrane Collaboration, das National Health Science Centre for Reviews and Dissemination sowie das National Institute for Clinical Excellence.[20]

Eine Systematic Literature Review unterscheidet sich von einer klassischen Literaturrecherche dadurch, dass ein nachvollziehbares, transparentes und wissenschaftliches Verfahren angewendet wird. Die Vorgehensweise der Autoren bei der Literaturauswahl – und in weiterer Folge auch deren Schlussfolgerungen – werden im Zuge der Systematic Literature Review dokumen-

---

[18] Tranfield et al. (2003, S. 208)

[19] Tranfield et al. (2003, S. 209)

[20] Tranfield et al. (2003, S. 209)

tiert und in der Arbeit angeführt, dadurch wird eine Verfälschung des Forschungsergebnisses vermieden, welche durch eine eventuell vorhandene Befangenheit der Autoren auftreten könnte.[21]

2.3.1 Ablauf

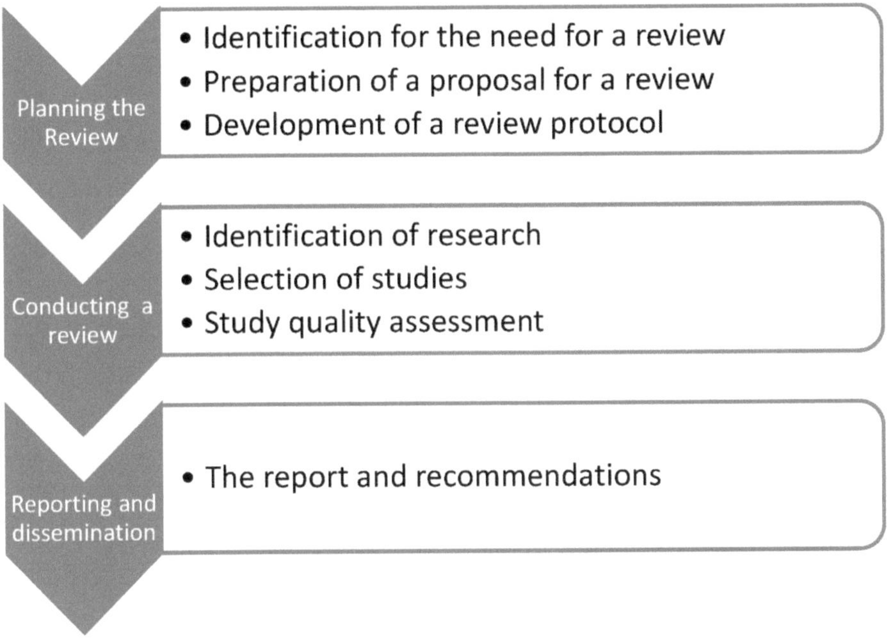

Planning the Review
- Identification for the need for a review
- Preparation of a proposal for a review
- Development of a review protocol

Conducting a review
- Identification of research
- Selection of studies
- Study quality assessment

Reporting and dissemination
- The report and recommendations

Abbildung 1: Vorgangsweise bei einer Systematic Literature Review[22]

---

[21] Tranfield et al. (2003, S. 209)

[22] Tranfield et al. (2003, S. 214)

Tranfield hat in seinem Paper Schritte und Phasen festgelegt, welche bei einer Systematic Literature Review durchlaufen werden sollten – diese sind in Abbildung 1 übersichtlich zusammengefasst. Im Folgenden werden nur jene Schritte bzw. Phasen genauer erklärt, welche für die vorliegende Masterarbeit von Relevanz sind. Zusätzlich wird die Vorgangsweise bei der Anwendung der Methode erläutert.

2.3.2 Planung der Review

Die Zielsetzung der Arbeit sowie die Relevanz zur Erstellung wurden in Kapitel 1 der vorliegenden Masterarbeit bereits ausführlich erläutert.[23]

2.3.3 Durchführung der Review

Um möglichst alle für die Forschung relevanten Artikel zu einem bestimmten Thema finden, werden in einem ersten Schritt die Suchbegriffe und Schlagwörter definiert, welche in der Datenbanksuche verwendet werden. Die Auswahl der Suchbegriffe sowie die Suchbegriffe sollen im Rahmen einer Systematic Literature Review erläutert werden, um die Nachvollziehbarkeit und Reproduzierbarkeit der Suche zu gewährleisten.[24] Bezogen auf das Thema der vorliegenden Arbeit - Risikomanagement in westeuropäischen KMUs – wurden folgende Suchbegriffsgruppen ausgewählt:

---

[23] Tranfield et al. (2003, S. 214-215)

[24] Tranfield et al. (2003, S. 215)

2.3.3.1 Suchbegriffe - Gruppe 1: KMU

TI,AB,SU,CC(sme* OR "small and medium sized business*" OR "small and medium sized compan*" OR "small and medium sized enterprise*" OR "small and medium sized firm*" OR "small business*" OR "small compan*" OR "small enterprise*" OR "small firm*" OR "medium sized business*" OR "medium sized compan*" OR "medium sized enterprise*" OR "medium sized firm*")[25]

Durch die Variation der obenstehenden Suchbegriffe wurde gewährleistet, dass möglichst alle relevanten Arbeiten zum Thema KMU gefunden werden. Ein „*" bedeutet, dass auch Wörter mit unterschiedlichen Endungen in die Ergebnisliste aufgenommen werden. Die Anführungszeichen informieren die Logik der Datenbank darüber, dass auch Artikel angezeigt werden sollen, welche die angegebenen Wörter (* wird als Datenbankbefehl erkannt) in der definierten Reihenfolge beinhalten.

2.3.3.2 Suchbegriffe - Gruppe 2: Risikomanagement

TI,AB("risk management" OR "manage risk*") OR SU,CC("risk management"

Durch die Berücksichtigung verschiedener Schreibweisen von „risk" und „management" in Titel oder Abstract wurde sichergestellt, dass nur Artikel zum Thema Risikomanagement in den Suchergebnissen aufscheinen. Zusätzlich wurden auch Artikel mit Subject oder Classification „Risk management" in das vorläufige Rechercheergebnis aufgenommen.

---

[25] Feldcodes von Datenbanken: TI = Title, AB = Abstract, SU = Subjects, CC = Classification

2.3.3.3 Suchbegriffe - Gruppe 3: Westeuropa

TI,AB("west* europ*") OR SU,CC("western europe")

Da sich der Forschungsschwerpunkt auf KMUs aus Westeuropa beschränkt, wurden in der dritten und letzten Suchbegriffs-Gruppe nur Variationen der Wörter „west" und „europ" im Titel oder Abstract, sowie Artikel mit Subject oder Classification „Western Europe" zugelassen.

Die drei Suchbegriffsgruppen wurden mit einem AND verknüpft, was bedeutet, dass die in der Literature Review vorkommenden Artikel eine Kombination von Suchbegriffen aus allen Gruppen enthalten müssen.

Weitere Einschränkungen betrafen die Qualität der wissenschaftlichen Zeitschriften, in welchen die untersuchten Artikel publiziert wurden, sowie den Zeitraum der Veröffentlichung. Für die Literature Review der vorliegenden Arbeit wurden ausschließlich Papers analysiert, welche zwischen 2010 und 2016 in wissenschaftlichen Journals veröffentlicht wurden, die bei der Aufnahme von Artikeln einen Begutachtungsprozess (Peer-Review) einsetzen. Die Eingrenzung des Zeitraums wurde verwendet, um möglichst aktuelle Forschungsergebnisse zu berücksichtigen. Durch die Beschränkung auf wissenschaftliche Journals, welche Peer-Reviews einsetzen, wurde gewährleistet, dass nur Artikel in die Literature Review aufgenommen werden, welche hohen wissenschaftlichen Qualitätsstandards genügen.

2.3.3.4 Verwendete Datenbanken

Die Suche nach Literatur hat sich auf die wirtschaftswissenschaftlichen Datenbanken „ABI/INFORM Global", „ABI/INFORM Trade & Industry", „ProQuest Sociology Collection" sowie „EBSCO Business Source Premier" beschränkt, da diese ausreichend viele Ergebnisse zum vorliegenden Thema der Arbeit liefern. Außerdem wurden nur die Felder Titel, Abstract, Subject sowie Classification durchsucht, um möglichst exakte Ergebnisse zu erhalten.

Basierend auf den oben genannten Kriterien hat die vorläufige Datenbanksuche 30 Paper geliefert. Der Inhalt dieser Artikel wurde einer genaueren Analyse unterzogen. In weiterer Folge wurden 4 Artikel aus dem Recherchepool entfernt, welche nicht zum Thema passen.[26] Gründe hierfür waren:

Ein Artikel hat eine qualitative Untersuchung mittels einer Fallstudie in Kanada durchgeführt. Da der Fokus der vorliegenden Arbeit auf westeuropäischen KMUs liegt, wurde die Arbeit ausgeschieden. Ein weiteres anderes Paper hat sich mit südkoreanischen KMUS befasst und schied somit für eine genauere Untersuchung aus. Ein weiterer Artikel war aus einem Magazin für Praktiker und trotz der genauen Suche irrelevant für die Systematic Literature Review. Der letzte Artikel war zwar aus einem wissenschaftlichen Journal mit Begutachtungsprozess, jedoch zu einem anderen Thema. Alle 26 Artikel, welche nach diesem letzten Ausschlussverfahren übriggeblieben sind, bilden die Basis für die Systematic Literature Review in den folgenden Kapiteln.

2.3.4 Dokumentation & Veröffentlichung

2.3.4.1 Deskriptive Analyse

Die deskriptive Analyse soll zeigen, wie sich die gesammelte Literatur zusammensetzt. Beispiele hierfür sind etwa Zeitraum der Veröffentlichung, Autoren, Forschungsrichtung, Research Design oder die untersuchten Länder. Um einen Überblick der gesammelten Daten zu erhalten, ist es hilfreich –

---

[26] Tranfield et al. (2003, S. 215)

basierend auf den eigenen Bedürfnissen - ein Datenextrahierungsformular (data extraction form) zu erstellen, um die gesammelten Informationen dort einzutragen und weiterer Folge nach ähnlichen Eigenschaften zu gruppie-ren.[27] Das verwendete data extraction form und die deskriptive Analyse sind in Kapitel 2.4.1 ersichtlich.

2.3.4.2 Thematische Analyse

Basierend auf der deskriptiven Analyse dient die thematische Analyse dazu, einen Überblick der gesetzten Schwerpunkte in der untersuchten Literatur zu erhalten. Hierbei liegt der Fokus auf den behandelten Themen und weniger auf den bibliografischen Eigenschaften, wie dies bei der deskriptiven Analyse der Fall ist.[28] Die thematische Analyse wird in Kapitel 0 durchgeführt.

2.4 Analyse

2.4.1 Deskriptive Analyse

Autoren	Jahr	Journal	Erforschte Länder	Qualitativ/ Quantitativ	Methoden
Altman, Edward I. Sabato, Gabriele Wilson, Nicholas	2010	The Journal of Credit Risk	Vereinigtes Königreich	Quantitativ	Datenbanksuche
Bank, Matthias Wiesner, Robert	2010	Journal of Small Business and Entrepreneurship	Österreich	Quantitativ	Datenbanksuche

---

[27] Tranfield et al. (2003, S. 218)

[28] Tranfield et al. (2003, S. 218-219)

Aabo, Tom Kuhn, Jochen Zanotti, Giovanna	20 10	International Journal of Managerial Finance	Dänemark	Quantitativ	Umfrage
Bordonaba-Juste, Victoria Lucia-Palacios, Laura Polo-Redondo, Yolanda	20 11	The Journal of Business & Industrial Marketing	Spanien	Quantitativ	Datenbanksuche Literaturrecherche
Di Giuli, Alberta Caselli, Stefano Gatti, Stefano	20 11	Journal of Banking & Finance	Italien	Quantitativ	Umfrage
Gayan Wedawatta Ingirige, Bingunath Jones, Keith Proverbs, David	20 11	Structural Survey	Vereinigtes Königreich	Qualitativ	Case Study Umfrage
Jørgensen, Kirsten Nijs Jan Duijm Troen, Hanne	20 11	International Journal of Workplace Health Management	Niederlande	Quantitativ	Datenbanksuche
Thun, Jörn-Henrik Drüke, Martin Hoenig, Daniel	20 11	International Journal of Production Research	Deutschland	Quantitativ	Umfrage
Arnulf, Jan Ketil Gottschalk, Petter	20 12	Journal of Strategic Management Education	Norwegen	Quantitativ	Literaturrecherche
Kirschenmann, Karolin Norden, Lars	20 12	Journal of Business Finance & Accounting	Deutschland	Quantitativ	Datenbanksuche
Brender, Nathalie Markov, Iliya	20 13	International Journal of Information Management	Schweiz	Qualitativ	Case Study

Pederzoli, Chiara Thoma, Grid Torricelli, Costanz	20 13	Journal of Financial Services Research	Belgien Dänemark Deutschland Frankreich Griechenland Irland Italien Luxemburg Niederlande Norwegen Portugal Schweiz Spanien Vereinigtes Königreich	Quanti- tativ	Datenbank- suche
Suhonen, Niko Okkonen, Lasse	20 13	Energy policy	Finnland	Qualita- tiv	Case Study
Grant, Kevin Edgar, David Sukumar, Arun Meyer, Martin	20 14	International Journal of Information Ma- nagement	Vereinigtes Königreich	Quanti- tativ	Umfrage
Gupta, Jairaj Wilson, Nicholas Gregoriou, Andros Healy, Jerome	20 14	Journal of international financial mar- kets, institutions and money	Vereinigtes Königreich	Quanti- tativ	Datenbank- suche
Kim, YoungJun Vonortas, Nicholas S.	20 14	Technovation	Dänemark Deutschland Frankreich Griechenland Italien Kroatien Portugal Schweden Tschechien Vereinigtes Königreich	Quanti- tativ	Umfrage Datenbank- suche
Marcelino- Sádaba, Sara Pérez- Ezcurdia, Amaya Lazcano, Angel M Echeverría Villanue- va, Pedro	20 14	International Journal of Project Manage- ment	Spanien	Qualita- tiv	Interview
Niess, Christiane Biemann,	20 14	Journal of Applied Psychology	Deutschland	Quanti- tativ	Datenbank- suche

Torsten					
van Buuren, Joost Koch, Christopher Ameron- gen, Niels van Nieuw Wright, Arnold M.	20 14	Auditing	Deutschland Niederlande	Qualita- tiv	Interview
Wolter, Marcus Rösch, Daniel	20 14	European Journal of Operational Re- search	Deutschland	Quanti- tativ	Datenbank- suche
Bauwera- erts, Jo- nathan Colot, Olivier	20 15	International Business Research	Belgien	Quanti- tativ	Datenbank- suche
Comeig, Irene Fernández -Blanco, Matilde O. Ramírez, Federico	20 15	Journal of business research	Spanien	Quanti- tativ	Datenbank- suche
Muñoz- bullón, Fernando Sánchez- bueno, Maria J. Vos-saz, Antonio	20 15	International Entrepreneurship and Man- agement Journal	27 EU-Staaten	Quanti- tativ	Datenbank- suche
Rostami, Ali Sommer- ville, James Wong, Ing Liang Lee, Cyn- thia	20 15	Engineering, Construction and Architec- tural Management	Vereinigtes Königreich	Quanti- tativ	Datenbank- suche Umfrage
Bonfanti, Angelo Battisti, Enrico Pasqualino , Luca	20 16	Management Decision	Italien	Qualita- tiv	Interview Umfrage

Tabelle 1: Quellen der Systematic Literature Review

Tabelle 1 zeigt eine Übersicht der untersuchten Artikel, sortiert nach dem Jahr der Veröffentlichung. Insgesamt wurden die 25 Artikel in 24 verschiedenen Journals publiziert. 2 der Artikel wurden im International Journal of Information Management veröffentlicht, alle anderen Arbeiten der Literature Review sind in verschiedenen Journals erschienen. 7 Artikel – also die Mehrheit der Papers – wurden im Jahr 2014 veröffentlicht. Im Jahr 2011 wurden 5 Artikel publiziert, in den restlichen Jahren des untersuchten Zeitraums 2010 bis 2016 wurden jeweils weniger als 5 Artikel publiziert..

Es gibt 6 qualitativ orientierte Artikel, die restlichen 19 Artikel wenden quantitative Forschungsmethoden an. Die qualitativen Artikel erhalten ihre Forschungsergebnisse großteils über Case Studies oder Interviews, ein Artikel[29] wendet die Delphi-Methode an. Die quantitativen Artikel stützen sich bei ihrer Arbeit mehrheitlich auf Forschungsergebnisse aus Datenbanksuchen, Literaturrecherchen oder Umfragen.

Unternehmen aus Deutschland und dem Vereinigten Königreich werden in den vorliegenden Arbeiten am öftesten untersucht, Forschungsergebnisse aus diesen Ländern sind in 8 von 25 Papers ersichtlich. Daten von kleinen und mittleren Unternehmen aus Italien und Spanien werden in 5 Studien erforscht, andere Länder sind weniger oft vertreten.

---

[29] Kim und Vonortas (2014, S. 454-465)

2.4.2 Thematische Analyse

Autoren	Jahr	Er-forsch-te Länder	Qual./Quan.[30]	Methoden	Risikoarten		Risikomanagement-Maßnahmen
					Überka-tegorie	Unterkatego-rie	
Altman, Edward I. Sabato, Gabriele Wilson, Nicholas	20 10	Verei-nigtes König-reich	Quan.	Datenbank-suche	Credit risk	Credit risk	Interne Prozesse verbes-sern
Bank, Matthias Wiesner, Robert	20 10	Öster-reich	Quan.	Datenbank-suche	Operatio-nal risk	Weather risk	Derivative Finanzinstru-mente
Aabo, Tom Kuhn, Jochen Zanotti, Giovanna	20 10	Däne-mark	Quan.	Umfrage	Market risk	Foreign exchange risk	Derivative Finanzinstru-mente
Bor-donaba-Juste, Victoria Lucia-Palacios, Laura Polo-Redondo, Yolanda	20 11	Spanien	Quan.	Datenbank-suche Literatur-recherche	Business risk	Franchisor failure risk	Langsames Wachstum
Di Giuli, Alberta Caselli, Stefano Gatti, Stefano	20 11	Italien	Quan.	Umfrage	Market risk	Interest rate risk Foreign ex-change risk Commodity risk	Derivative Finanzinstru-mente (Future, Forward, Option, Swap)
Gayan Weda-watta Ingirige, Bingunath Jones, Keith Proverbs, David	20 11	Verei-nigtes König-reich	Qual.	Case Study Umfrage	Operatio-nal risk	Weather risk	Datensicherung Schadenversicherung Geschäftsfortführungs-pläne

---

[30] Qual. = Qualitativ, Quan. = Quantitativ

Author	Year	Country	Method	Approach	Risk 1	Risk 2	Maßnahmen
Jørgensen, Kirsten Nijs Jan Troen, Hanne	2011	Niederlande	Quan.	Datenbanksuche	Operational risk	Accident risk	Sicherheitsmaßnahmen/Vorkehrungen
Thun, Jörn-Henrik Drüke, Martin Hoenig, Daniel	2011	Deutschland	Quan.	Umfrage	Business risk	Supply chain risk	Sicherheitsbestand (Lager) Überkapazitäten Multiple Sourcing
Arnulf, Jan Ketil Gottschalk, Petter	2012	Norwegen	Quan.	Literaturrecherche	Operational risk	White-collar-crime risk	Bewusstsein über Risiken erlangen und Anreize für unternehmensschädigendes Verhalten senken
Kirschenschenmann, Karolin Norden, Lars	2012	Deutschland	Quan.	Datenbanksuche	Credit risk	Credit risk	Asymmetrische Informationsverteilung reduzieren
Brender, Nathalie Markov, Iliya	2013	Schweiz	Qual.	Case Study	Technology risk	Cloud computing risk	Alternative Lösungen entwickeln Wechseloption offenhalten Notfallpläne erstellen Passenden Standort wählen
Pederzoli, Chiara Thoma, Grid Torricelli, Costanz	2013	Belgien Dänemark Deutschland Frankreich Griechenland Irland Italien Luxemburg Niederlande Norwegen Portugal Schweiz Spanien Vereinigtes Königreich	Quan.	Datenbanksuche	Credit risk	Credit risk	Patentportfolio erweitern Eigenkapitalquote steigern

26

Suhonen, Niko Okkonen, Lasse	20 13	Finnland	Qual.	Case Study	Operatio-nal risk	Operational risk	Investitionsrisiko teilen
Grant, Kevin Edgar, David Sukumar, Arun Meyer, Martin	20 14	Verei-nigtes König-reich	Quan.	Umfrage	Technolo-gy risk	Technology risk	IT-Sicherheit erhöhen
Gupta, Jairaj Wilson, Nicholas Gregori-ou, An-dros Healy, Jerome	20 14	Verei-nigtes König-reich	Quan.	Datenbank-suche	Credit risk	Credit risk	Kennzahlen verbessern (Eigenkapitalquote erhö-hen Verschuldungsgrad senken)
Kim, YoungJun Vonortas, Nicholas S.	20 14	Däne-mark Deutschl and Frank-reich Griechen chen-land Italien Kroatien Portugal Schwe-den Tsche-chien Verei-nigtes König-reich	Quan.	Umfrage Datenbank-suche	Business risk	Business risk	Formelle & informelle Netzwerke nutzen
Marceli-no-Sádaba, Sara Pérez-Ezcurdia, Amaya Lazcano, Angel M Eche-verría Villanue-va, Pedro	20 14	Spanien	Qual.	Interview	Business risk	Business risk	Risiken von Arbeitsschrit-ten mittels Risikochecklis-ten erkennen & bewerten
Niess, Christiane Biemann, Torsten	20 14	Deutschl and	Quan.	Datenbank-suche	Business risk	Business risk	Zu hohe Risikobereit-schaft senken

van Buuren, Joost Koch, Christopher Ameron-gen, Niels van Nieuw Wright, Arnold M.	20 14	Deutschl and Nieder-lande	Qual.	Interview	Business risk	Business risk	Externe Beratung einholen um das Risikomanagement-System zu verbessern
Wolter, Marcus Rösch, Daniel	20 14	Deutschl and	Quan.	Datenbanksuche	Credit risk	Credit risk	Bewertung der Zahlungsfähigkeit eines Debitors verbessern
Bauweraerts, Jonathan Colot, Olivier	20 15	Belgien	Quan.	Datenbanksuche	Business risk	Business risk	In regelmäßigen Abständen Kompetenz und Eignung von Geschäftsführern überprüfen
Comeig, Irene Fernández-Blanco, Matilde O. Ramírez, Federico	20 15	Spanien	Quan.	Datenbanksuche	Credit risk	Credit risk	Liquiditätssituation verbessern, wenn bei Bank des Unternehmens Kredit aufgenommen wird
Muñoz-bullón, Fernando Sánchez-bueno, Maria J. Vos-saz, Antonio	20 15	27 EU-Staaten	Quan.	Datenbanksuche	Business risk	Business risk	Risikobereitschaft, Innovationskraft und Proaktivität erhöhen
Rostami, Ali Sommerville, James Wong, Ing Liang Lee, Cynthia	20 15	Vereinigtes Königreich	Quan.	Datenbanksuche Umfrage	Business risk	Business risk	Ziele klar definieren, um Risiken zu erkennen
Bonfanti, Angelo Battisti, Enrico Pasqualino, Luca	20 16	Italien	Qual.	Interview Umfrage	Business risk	Business risk	Firmen aus der Region in Fertigungsprozess miteinbeziehen Enge Beziehungen zu lokalen Lieferanten pflegen

Tabelle 2: Thematische Einordnung der Quellen der Systematic Literature Review

2.4.2.1 Risikoarten in der Literatur

2.4.2.1.1 Credit Risk

Einem Credit risk (Kreditrisiko) ist man immer dann ausgesetzt, wenn man einen Kredit vergibt oder einem Kunden einen Kauf auf Ziel gewährt. Ein Schuldner oder Kunde befindet sich in einer finanziellen Notlage, wenn die Fälligkeit einer Zahlung (Tilgungsrate oder Rechnungsbetrag) um 90 Tage überschritten wurde.[31] Ausbleibende Tilgungen von Darlehen oder Lieferantenkrediten in der Vergangenheit ein Anzeichen dafür, dass ein Unternehmen mit Zahlungsschwierigkeiten konfrontiert ist.[32]

Zusätzlich kann die verspätete Abgabe eines Jahresabschlusses ein Indikator für wirtschaftliche Probleme innerhalb eines Unternehmens sein. Eine verspätete Einreichung kann verschiedene Gründe haben. Beispiele hierfür sind unterschiedliche Ansichten von Wirtschaftsprüfern und des Vorstands hinsichtlich der finanziellen Situation der Firma oder eine absichtliche Verzögerung, um die Veröffentlichung von ungünstigen Informationen zu vermeiden, welche in weiterer Folge negative Auswirkungen auf den Geschäftserfolg des Unternehmens haben könnten.[33]

Eine umfassende und genaue Einschätzung des Kreditrisikos ist besonders bei KMUs relevant, da diese durch die Wahl ihrer Bank die Laufzeit und damit die Fälligkeit eines Darlehens beeinflussen können. Kreditnehmer, denen man eine höhere Risikoanfälligkeit zuschreiben würde, bekommen in der Regel ein Darlehen mit längerer Laufzeit von der Bank, bei sie auch ihr Firmenkonto haben, im Vergleich zu einer Fremdbank. Dies bedeutet, dass

---

[31] Altman, Sabato und Wilson (2010, S. 95)

[32] Altman et al. (2010, S. 110)

[33] Altman et al. (2010, S. 111)

in Situationen mit relativ niedriger asymmetrischer Informationsverteilung (es sind also zum Zeitpunkt des Vertragsabschlusses ausreichend Informationen über die andere Vertragspartei vorhanden) Kredite mit längeren Laufzeiten vergeben werden, Risiko und Laufzeit korrelieren also negativ miteinander.[34]

Weiters hat das Verhandlungsgeschick des potentiellen Kreditnehmers einen Einfluss auf die Darlehenslaufzeit. Ein guter Indikator dafür, ob der Schuldner bei der Kreditverhandlung erfolgreich war, ist die Höhe des Aufschlags auf den Referenzzinssatz, auch als Credit spread oder Zinsmarge bezeichnet. Je niedriger die Zinsmarge ist, umso erfolgreicher war der Kreditnehmer beim Verhandeln der Konditionen mit seiner Bank.[35] KMUs können also durch das Ausnutzen von Verhandlungsmacht und in Situationen mit niedriger asymmetrischer Informationsverteilung bessere Kreditkonditionen, beispielsweise längere Darlehenslaufzeiten, erreichen.

Im Vereinigten Königreich gibt es sogenannte County Court judgments, welche ein Kreditor beantragen kann, um eine Schuld bei einem Debitor einzutreiben. Hierbei handelt es sich meistens um Schulden aus einem Lieferantenkredit. Die Anzahl der County Court judgments, welche gegen ein bestimmtes Unternehmen verfügt werden, ist ein Indiz dafür, ob die Firma ihren Zahlungsverpflichtungen nachkommen kann oder nicht. Die finanzielle Situation eines Unternehmens ist kritisch, wenn besonders viele County Court judgments gegen die Firma verfügt wurden. Die Liquidität von KMUs lässt sich mit diesen Verfügungen besser beurteilen als die monetären Verhältnisse von Großunternehmen, da diese häufig ihre Marktmacht ausnützen und Fälligkeitstermine von Rechnungen absichtlich verstreichen lassen und

---

[34] Kirschenmann und Norden (2012, S. 730-731)

[35] Kirschenmann und Norden (2012, S. 735)

Kreditoren in weiterer Folge keine andere Option offenlassen, als eine County Court judgments zwecks Forderungseinbringung zu beantragen.[36]

Die Anzahl der Patente bzw. Schutzrechte sind ein guter Indikator dafür, um den Grad der Innovationsfähigkeit eines KMUs zu bewerten. KMUs, welche ihre Eigenkapitalquote - dass Verhältnis von Eigen- zu Gesamtkapital – erhöhen und gleichzeitig den Bestand an Patenten steigern, reduzieren ihr Credit Risk und die damit verbundenen Exposures. In weiterer Folge wird etwa die Aufnahme eines Darlehens erleichtert, weil das Unternehmen im internen Rating der Banken eine verbesserte Einschätzung erhält.[37]

2.4.2.1.2   Operational Risk

Bei Operational risks (Operationelle Risiken) handelt es sich um Risiken, welche außerhalb des typischen Einflussbereichs eines Unternehmens liegen, beispielsweise das Risiko von Verlusten aufgrund von mangelhaft gestalteten internen Prozessen oder finanzielle Einbußen, welche durch externen Ereignisse, verursacht werden. Externe Ereignisse sind beispielsweise Wetterrisiken oder Rechtsrisiken. Rechtsrisiken bezeichnen Klagen, welche gegen eine Firma gerichtet sind oder Gesetzesänderungen, von denen ein Unternehmen betroffen ist.[38]

2.4.2.1.2.1 Weather Risk

Bei einem Weather risk (Wetterrisiko) handelt es sich um ein externes Ereignis, welches die Umsätze und Gewinne eines Unternehmens negativ beeinflusst. Relevante Risikoparameter sind unter anderem Niederschlag,

---

[36] Altman et al. (2010, S. 110-111)

[37] Pederzoli, Thoma und Torricelli (2013, S. 124-125)

[38] The European Parliament And The Council Of The European Union (2009, S. 24-51)

Feuchtigkeit oder Temperatur. Diese Parameter sind branchenabhängig, da ein landwirtschaftliches Unternehmen beispielsweise viel stärker von Niederschlag abhängig ist als ein Windpark. In der Regel treten Wetterereignisse häufig auf und haben nur geringe Auswirkungen auf das jeweilige Unternehmen, im Gegensatz zu Wirbelstürmen, welche nicht zu den Wetterrisiken gezählt werden.[39]

Wetterrisiken sind eine Ausprägung von operationellen Risiken, da ein Unwetter ein externes Ereignis darstellt und Verluste aufgrund eines solchen Zwischenfalls außerhalb des Einflussbereichs eines Unternehmens liegen. Außerdem werden diese als volumetrische Risiken bezeichnet, da sie sowohl Angebot als auch Nachfrage beeinflussen können.[40]

Wetterrisiken treten in einem Skigebiet auf, wenn weniger Schnee als erwartet fällt. Ein Artikel aus dem Jahr 2010 hat festgestellt, dass Skigebiete das höchste Weather risk exposure der Vergleichsgruppe haben. 25 % der untersuchten Unternehmen gaben ein Exposure von über 50 % an, da die Abhängigkeit vom Wetter in der Wintertourismusbranche sehr hoch ist. Dies führt in weitere Folge zu geringeren Einnahmen. Bei einer Baufirma kann sich durch Unwetter der planmäßige Ablauf eines Projekts verzögern und damit zu Umsatzeinbußen führen. Sollte in einem Winter weniger Schneefall als erwartet auftreten, könnte dies für einen Streusalzhersteller zu wirtschaftlichen Schwierigkeiten führen. Ein Staudammbetreiber ist durch mangelnder Niederschlag von einem Einnahmenrückgang bedroht.[41]

---

[39] Bank und Wiesner (2010, S. 582)

[40] Bank und Wiesner (2010, S. 582)

[41] Bank und Wiesner (2010, S. 583-589)

Bauunternehmen sind häufig mit Extremwetterereignissen konfrontiert, welche in der näheren Vergangenheit häufiger auftreten. Beispiele hierfür sind Sommerhochwasser im Jahr 2007 sowie schwere Schneefälle in den Wintermonaten der Jahre 2009 und 2010, beide im Vereinigten Königreich.[42] Extremwetter können sich hierbei direkt oder indirekt auswirken. Ein direkter Effekt wäre etwa ein Hochwasser, das die Baustelle überschwemmt, im Gegensatz dazu bezeichnet eine indirekte Konsequenz Lieferengpässe durch verbundene Unternehmen der Wertschöpfungskette.[43]

Die Anzahl und Schwere von Extremwetterereignissen wird aufgrund des globalen Klimawandels in den nächsten Jahren weiter zunehmen. Studien aus der Vergangenheit haben gezeigt, dass Unternehmen aller Branchen von den Folgeeffekten, welche Extremwetterereignisse mit sich bringen, betroffen sind. Die aktuelle Literatur zeigt jedoch, dass nur wenige Unternehmen proaktiv versuchen, Risikomanagement-Maßnahmen einzusetzen, um solche Risiken in der Zukunft zu minimieren.[44]

2.4.2.1.2.2 Accident Risk

Bei Accident risk handelt es sich um das Risiko, einen Arbeitsunfall zu erleiden. Accident risk stellt eine Unterform von Operational risk dar. Dieses Risiko ist beispielsweise im Baugewerbe allgegenwärtig. Für KMUs ist es daher wichtig, die zentralen Arbeitsplatz-Risiken ihrer Mitarbeiter zu identifizieren und entsprechende Sicherheitsmaßnahmen zur Verhinderung dieser Risiken zu treffen. Dazu müssen auch Zuständigkeiten abgegrenzt werden, da Anweisungen und Vorkehrungen des Arbeitgebers nur wirken können, wenn die

---

[42] Wedawatta, Ingirige, Jones und Proverbs (2011, S. 107)

[43] Wedawatta et al. (2011, S. 107)

[44] Wedawatta et al. (2011, S. 115)

Mitarbeiter gleichzeitig Maßnahmen setzen, um ihre eigene Sicherheit zu erhöhen.[45]

2.4.2.1.2.3 White-Collar Crime Risk

White-Collar Crime Risk (Wirtschaftskriminalitätsrisiko) stellt eine wichtige Risikoart dar, da eine Vielzahl von Unternehmen – KMUs genauso wie Großunternehmen - den Gefahren ausgesetzt ist, die von kriminellen Personen oder Gruppierungen ausgehen. Beispiele für Wirtschaftskriminalität sind Veruntreuung von Vermögenswerten, Fälschung der Bilanz, um beispielsweise bessere Konditionen bei Krediten zu erhalten, Diebstahl oder Verletzung geistigen Eigentums, Korruption, Bestechung und Geldwäsche.[46]

Unternehmen sind häufig von Wirtschaftskriminalität in folgenden Ausprägungen betroffen. Externe Gefährdung durch betrügerisches Verhalten von Geschäftspartnern außerhalb des eigenen Unternehmens oder eine Gefährdung durch den Abschluss von Verträgen, die im Nachhinein als illegal eingestuft werden, potentielle Rechtsfolgen nach sich ziehen oder mit einem Reputationsverlust einhergehen. Im Gegensatz dazu gibt es die interne Gefährdung durch Mitarbeiter, welche persönliche Gewinne auf Kosten der Eigentümer lukrieren.[47]

Laut einer Studie aus dem Jahr 2012, welche 222 gerichtlich verurteilte Wirtschaftsstraftäter in Norwegen untersucht hat, werden die meisten Straftaten von Geschäftsführern oder leitenden Angestellten im Rahmen von Geschäftstransaktionen begangen. Unter anderem wurden von Geschäftsführern Pyramidenspiele eingesetzt oder Geld aus Bankkonten von unschuldigen

---

[45] Jørgensen, Jan Duijm und Troen (2011, S. 191-192)

[46] Arnulf und Gottschalk (2012, S. 157-158)

[47] Arnulf und Gottschalk (2012, S. 158)

Bürgern gestohlen. Die geschädigten Parteien sind hierbei in den meisten Fällen Geschäftspartner, Kunden sowie die Investoren (Eigentümer) des eigenen Unternehmens.[48]

2.4.2.1.3 Technology Risk

Technology risk (Technologisches Risiko) bezeichnet das Risiko, dass ein Unternehmen Entwicklungen in der technologischen Umwelt des Unternehmens, beispielsweise in der eigenen Branche oder in der Gesellschaft, nicht exakt vorhersagen und folglich auch nicht entsprechend darauf reagieren kann. Beispielsweise erfolgt eine Reaktion auf das Risiko, indem man auf Alternativen zu Cloud computing zurückgreift, diese selbst entwickelt oder sich ausreichend mit dem Thema beschäftigt. Das technologische Risiko ist in einer komplexen und hochentwickelten Umwelt tendenziell höher.[49]

Ein technologisches Risiko stellt Cloud computing dar. Unter Cloud computing (Rechnerwolke) versteht man ein Modell, dass es Usern ermöglicht, jederzeit einen ortsunabhängigen und komfortablen Zugang zu ihren individuell konfigurierbaren Ressourcen zu haben. Ressourcen dieser Art können Netzwerke, Server, Datenspeicher oder Programme sein, welche dem Nutzer sehr rasch zur Verfügung gestellt werden können. Von Seiten des Benutzers ist nur wenig Interaktion mit dem Service-Provider (Anbieter) nötig, außerdem fällt nur ein unwesentlicher Verwaltungsaufwand an, da sich der Provider um die Aktualität der angebotenen Dienste (Hard- und/oder Software) kümmert.[50]

---

[48] Arnulf und Gottschalk (2012, S. 168-172)

[49] Kim und Vonortas (2014, S. 456)

[50] Mell und Grance (2011, S. 2)

Cloud computing ist besonders für KMUs von Relevanz, da es für kleinere Firmen oftmals eine große Herausforderung darstellt, die von einem Cloud-Service-Provider angebotenen Dienste selbst anzuschaffen, herzustellen oder zu warten. Ein Unternehmen muss beispielsweise die benötigte Hardware einkaufen, die Software selbst herstellen oder ankaufen, IT-Support-Mitarbeiter beschäftigen und gleichzeitig die Sicherheit der gespeicherten Informationen – interne Dokumente und Kundendaten – gewährleisten.[51] Darüber hinaus sind KMUs bei der Nutzung von Cloud computing-Diensten einer Vielzahl von Risiken ausgesetzt, welche in den folgenden Unterkapiteln näher beschrieben werden.

2.4.2.1.3.1.1   IT-Sicherheit

Bei der Verwendung von Web-Diensten hat IT-Sicherheit oberste Priorität für Entscheider von KMUs. Nachteilig ist die Konzentration einer Vielzahl an Daten von verschiedenen Firmen aus den unterschiedlichsten Branchen bei einem Service-Provider. Dieser Cloud-Provider stellt ein besonders attraktives Ziel für Hacker dar, da im Zuge eines erfolgreichen Angriffs vielfältigste Daten erbeutet werden können. Große Cloud-Anbieter (beispielsweise Microsoft oder Amazon) haben jedoch funktionierende Abwehrmechanismen für solche Angriffe implementiert, die kleineren Cloud-Anbietern oft nicht zur Verfügung stehen. Weiters ist es von Vorteil, dass Cloud-Daten in der Regel auf mehrere Rechenzentren verteilt sind, sodass im Ernstfall der Schaden für das einzelne Unternehmen etwas reduziert ist. Auch eine unternehmenseigene IT-Abteilung ist mit dem Internet verbunden und somit potentiellen Angriffen ausgesetzt. Cloud computing ist also nicht zwangsläufig mit weniger Sicherheit verbunden.[52]

---

[51] Brender und Markov (2013, S. 727)

[52] Brender und Markov (2013, S. 727)

Wenn firmenrelevante Daten und Informationen außerhalb des Unternehmens gespeichert werden, verzichtet man auf Kontrollmöglichkeiten, die nur einer internen IT-Abteilung zur Verfügung stehen. Beispielsweise verursacht ein böswilliger Mitarbeiter im Rechenzentrum des Cloud-Anbieters erheblichen finanziellen Schaden bei den Kunden des Providers führt einen Stillstand des laufenden Betriebs herbei. Aus Unternehmenssicht ist es deshalb empfehlenswert, mit dem Cloud-Anbieter in Kontakt zu treten, um mehr über den Rekrutierungsprozess und die Qualifikationserfordernisse für Administratoren und Mitarbeiter in den Rechenzentren zu erfahren. Darüber hinaus ist es empfehlenswert, mit Zugangsdaten besonders sorgfältig umzugehen, um einen Datendiebstahl zu vermeiden, welcher in weiterer Folge zu einem Reputationsverlust bei den Kunden und finanziellen Verlusten führen wird.[53]

Das Land, in welchem sich das Rechenzentrum befindet, ist ausschlaggebend für die Beurteilung der Sicherheit eines Cloud-Anbieters. Beispielsweise ist es der Regierung der Vereinigten Staaten (USA) erlaubt, im Rahmen des so genannten Patriot Acts auf Daten, welche in den USA gespeichert sind, zuzugreifen. Gleichzeitig gibt es Verordnungen der EU, welche es unter bestimmten Voraussetzungen untersagen, dass Regierungen außerhalb der EU auf Daten von europäischen Unternehmen zugreifen. Deshalb sind große Cloud-Anbieter wie Amazon oder Microsoft dazu übergegangen, dem Kunden die Wahl zu geben, wo seine Daten gespeichert werden – beispielsweise innerhalb der Grenzen der EU.[54]

Im Rahmen eines Gerichtsverfahrens ist es üblich, dass die zuständigen Behörden vor einer Verhandlung Informationen über die involvierten Parteien

---

[53] Brender und Markov (2013, S. 728)

[54] Brender und Markov (2013, S. 728)

einholen. Sollte nun ein Unternehmen dazu aufgefordert werden, den Behörden relevante Firmendaten zu übermitteln, die es bei einem Cloud-Provider gespeichert hat, ist die Überprüfung der Daten durch die Behörde nur erschwert möglich, da der Anbieter der Cloud-Dienste die Daten in der Regel über mehrere Rechenzentren verteilt abspeichert. Zusätzlich sind in der Praxis oftmals Daten von verschiedenen Unternehmen auf derselben Festplatte abgelegt, was eine Extraktion der Daten erschwert, da man hierbei Gefahr läuft, Datenschutzrechte von anderen Firmen zu verletzen. Deshalb ist es wichtig, dass Unternehmen sowie Behörden darüber Bewusstsein erlangen, dass die Extraktion von Daten nicht so einfach möglich ist, wie in einer innerbetrieblichen EDV-Abteilung.[55]

2.4.2.1.3.1.2 *Erfüllung gesetzlicher Auflagen*

Firmen innerhalb des Europäischen Wirtschaftsraums (EWR) der Europäischen Union (EU) und der Europäischen Freihandelszone (EFTA) sind gesetzlich dazu verpflichtet, dass auch ihre Zulieferunternehmen angemessene Maßnahmen setzen, um die Sicherheit der gespeicherten Daten zu gewährleisten. Das Unternehmen, welches einen Cloud-Anbieter engagiert, ist in weiterer Folge hauptverantwortlich für die Integrität, den Schutz, sowie die Sicherheit der gespeicherten Daten, unabhängig davon, an welchem Ort die Daten letzten Endes gespeichert werden. Die Haftung für Verlust oder Missbrauch der Kundendaten liegt also beim Unternehmen, welches mit dem Provider zusammenarbeitet. Zertifizierungen und externe Prüfungen können dabei helfen, die Seriosität eines Cloud-Anbieters zu beurteilen.[56]

---

[55] Brender und Markov (2013, S. 728)

[56] Brender und Markov (2013, S. 728)

2.4.2.1.3.1.3 *Providerrelevante Aspekte*

Die ständige Verfügbarkeit von Webdiensten ist essentiell für das Funktionieren eines Unternehmens. Beispielsweise ist es einem webbasierter Versandhändler nur dann möglich, Umsätze generieren, wenn seine Website den potentiellen Kunden zugänglich ist. Ein Multiplikatoreffekt tritt auf, wenn der Kunde des Dienstanbieters wiederum Kunden hat, die bei dem Kunden des Providers ihre eigenen Websites gehostet haben. Bei einer Unterbrechung der Verfügbarkeit sind somit mehrere Websites auf einmal nicht erreichbar.[57]

Ein weiteres Risiko stellt der überlegte Wechsel eines Providers dar. Wenn ein Kunde beispielsweise aufgrund von Unzufriedenheit mit den angebotenen Leistungen seinen Dienste-Anbieter wechseln möchte, wird ihm dies oftmals erschwert. Gründe hierfür sind die Verwendung von proprietären Formaten und Standards, beispielsweise Dateiformate von Backups, die nur in einer bestimmten Systemumgebung funktionieren. Deshalb sollte man bei der Auswahl seines Providers beachten, dass gängige, im besten Fall offene Branchenstandards unterstützt werden, um einen etwaigen Wechsel in der Zukunft zu erleichtern. Im hypothetischen Fall der Zahlungsunfähigkeit des Dienste-Anbieters ist ein Wechsel zu einem Konkurrenzunternehmen unvermeidbar, deshalb sollte man die Entscheidung für oder gegen einen Anbieter wohlüberlegt durchführen.[58]

2.4.2.1.4 Market Risk

Market Risk (Marktrisiko) bezieht sich auf generelle Marktbedingungen – beispielsweise Marktpreise von Währungen oder Gütern – und hängt deshalb von externen Faktoren ab, auf welche nicht so leicht Einfluss genommen

---

[57] Brender und Markov (2013, S. 728-729)

[58] Brender und Markov (2013, S. 728-729)

werden kann, wie etwa auf Vorgänge innerhalb des eigenen Unternehmens. Market Risk kann darüber hinaus in Form von Zufriedenheit der Kunden mit der Leistungsfähigkeit der hergestellten Produkte auftreten. Weiters bezeichnet Market Risk auch veränderte Kundenwünsche, Handlungen, die von Konkurrenten gesetzt werden – beispielsweise eine neue Produkteinführung, oder auch Änderungen des Angebots oder der Nachfrage nach einer Anpassung der eigenen Preise oder von Marktpreisen.[59]

2.4.2.1.4.1 Foreign Exchange Risk

Foreign exchange risk (Wechselkursrisiko) ist das Risiko, Gewinne oder Verluste aufgrund von Wechselkursänderungen zu realisieren und stellt ein Marktrisiko dar. Marktrisiken werden in der Regel bewusst eingegangen und sind daher von operationellen Risiken abzugrenzen.[60] Der Einfluss von Gründerfamilien auf die Geschäftsführung und in weiterer Folge auf das Risikomanagement von kleinen und mittleren Unternehmen aus Dänemark wird in einem Artikel aus dem Jahr 2010 untersucht. Der Fokus dieses Papers liegt auf dem Einfluss der Familie auf das Ausmaß der Absicherung von Wechselkursrisiken sowie Währungsspekulation.[61]

2.4.2.1.4.2 Interest Rate Risk

Das Risiko einer negativen Zahlungsstromentwicklung aufgrund von Zinssatzänderungen wird als Interest rate risk (Zinsänderungsrisiko) bezeichnet. Eine Studie über italienische Unternehmen aus dem Jahr 2011 kam zu dem Ergebnis, dass rund 18 % der untersuchten Familienunternehmen Swaps verwenden, um sich gegen negative Entwicklungen von Zinssätzen abzusi-

---

[59] Kim und Vonortas (2014, S. 458)

[60] Keasey, Othman und Ameer (2009, S. 57)

[61] Aabo, Kuhn und Zanotti (2011, S. 38-67)

chern.[62] Bei Swaps werden Zahlungsströme gegeneinander ausgetauscht, häufig werden fixe Zinszahlungen an den Vertragspartner geleistet, im Gegenzug leistet das andere Unternehmen einen variablen Zahlungsstrom.[63]

2.4.2.1.4.3 Commodity Risk

Commodity risks sind Waren- oder Rohstoffrisiken. Um sich gegen unvorteilhafte Marktpreisentwicklungen eines benötigten Rohstoffs oder seiner eigenen Ware abzusichern, werden Forwards, Futures oder Optionen eingesetzt. Bei Forwards und Futures handelt es sich um Verträge, die es einem Unternehmen erlauben, eine bestimmte Ware in der Zukunft zu einem bestimmten Preis zu kaufen oder zu verkaufen. Eine Option erlaubt es einem Betrieb, ein Produkt zu einem festgelegten Preis in der Zukunft zu verkaufen oder zu kaufen – dieses Recht muss vom Unternehmen jedoch nicht ausgeübt werden.[64] Eine genauere Beschreibung dieser Risikomanagement-Maßnahmen befindet sich in Kapitel 2.4.2.2.5.3 „Risikoreduktion". Etwa 29 % der untersuchten Familienunternehmen aus Italien verwenden Optionen und Forwards, um sich gegen Marktpreisrisiken abzusichern. Rund 17 % der Betriebe haben angegeben, Futures als Risikomanagement-Maßnahme einzusetzen.[65]

2.4.2.1.5 Business Risk

Alle Risiken, gegen die ein Unternehmen entsprechende Maßnahmen setzen kann, werden als Business Risks bezeichnet. Die Reduzierung der Risk Exposures liegt also im Einflussbereich des Unternehmens. Um Business Risk Ex-

---

[62] Di Giuli, Caselli und Gatti (2011, S. 2933)

[63] Di Giuli et al. (2011, S. 2943)

[64] Di Giuli et al. (2011, S. 2943)

[65] Di Giuli et al. (2011, S. 2933)

posures zu senken, werden Partnerschaften mit Firmen aus der Region geschlossen. Daraus ergeben sich Möglichkeiten für neue Projekte und Kooperationen, außerdem werden die Folgen eines Ausfalls einer wichtigen Geschäftsbeziehung reduziert.[66]

2.4.2.1.5.1 Supply Chain Risk

Supply Chain Risk (Lieferkettenrisiko) stellt das Risiko dar, dass ein vor- oder nachgelagerter Geschäftspartner in der Wertschöpfungskette ausfällt. Katastrophen wie das Erdbeben im Indischen Ozean im Dezember 2004 oder der Wirbelsturm Katrina in den USA im August 2005 haben das Bewusstsein für die Möglichkeit von Ausfällen in der Lieferkette bei Entscheidungsträgern geschärft.[67]

Bei Qualitätsproblemen oder einem Produktionsstillstand eines vorgelagerten Geschäftspartners in der Wertschöpfungskette ist die Produktion des eigenen Unternehmens unmittelbar betroffen, da eine Ersatzbeschaffung manchmal nur schwer möglich ist.[68] Bestrebungen der Unternehmen zu Outsourcing und Just-in-Time-Lieferungen machen die Folgen des Lieferkettenrisikos stärker spürbar, da Firmen versuchen, Lagerstände so niedrig wie möglich zu halten, um Lagerkosten zu sparen. Gleichzeitig wird somit aber eine starke Abhängigkeit von den jeweiligen Lieferanten erzeugt. Deshalb sollten Unternehmen versuchen, eine zu starke Abhängigkeit von einem einzelnen Geschäftspartner zu reduzieren. Dies erfolgt dadurch, dass man im Krisenfall

---

[66] Bonfanti, Battisti und Pasqualino (2016, S. 401)

[67] Thun, Druke und Hoenig (2011, S. 5511)

[68] Thun et al. (2011, S. 5511)

auf einen Backup-Lieferanten zurückgreift oder durch Rohstoffe von ver-schiedenen Partnern bezieht (Multi-Sourcing).[69]

2.4.2.1.5.2 *Franchisor Failure Risk*

Franchisor failure risk (Franchisegeber-Ausfallsrisiko) bezeichnet das Risiko, dass ein Franchisegeber sein Unternehmen aufgrund von Misserfolgen not-gedrungen schließen muss oder aus freien Stücken aufgibt. In Europa und den USA werden viele neue Franchising-Systeme gegründet und gewissen deshalb an Relevanz. In Spanien gab es etwa bis 1985 nur 20 Franchising-Systeme, im Jahr 2009 waren bereits 968 Firmen am Markt tätig, die Part-nerschaften mit Franchisenehmern abgeschlossen hatten. Darüber hinaus werden ca. 16 % der gesamten Verkäufe im panischen Einzelhandel durch Franchising umgesetzt.[70] Ergebnisse einer Untersuchung von spanischen, franchisegebenden KMUs haben gezeigt, dass junge und kleine Unternehmen nicht zu schnell wachsen sollten, um ein eventuelles Versagen am Markt hinauszuzögern oder ganz zu vermeiden. Firmen sollten zuerst Erfahrung mit dem Management von wenigen Filialen sammeln, bevor sie ein großes Netz-werk aufbauen. Darüber hinaus ist es von Vorteil, wenn ein potentieller Franchisenehmer seine Tätigkeit in einem Land oder einer Region mit einem stabilen rechtlichen Umfeld aufnimmt, um etwa unerwartete Schwierigkeiten bei der Gründung oder dem laufenden Geschäft zu vermeiden. Dies resultiert daher, dass in einer Umwelt mit transparenten Reglungen die empfundene Unsicherheit und asymmetrische Informationsverteilung des potentiellen Franchisenehmers geringer ist.[71]

---

[69] Thun et al. (2011, S. 5511-5512)

[70] Bordonaba-Juste, Lucia-Palacios und Polo-Redondo (2011, S. 407)

[71] Bordonaba-Juste et al. (2011, S. 414-416)

2.4.2.2 Risikomanagement-Prozess und -Maßnahmen in der Literatur

In Anlehnung an die Definition für einen Risikomanagement-Prozess des COSO – siehe Kapitel 2.2.4.1– beginnt das Risikomanagement in KMUs in der Regel mit der Definition des internen Umfelds. Die folgenden 8 Komponenten müssen nicht zwingend nacheinander durchlaufen werden, sondern können sich gegenseitig beeinflussen, da Risikomanagement kein sequentieller, sondern ein iterativer Prozess ist. Jede Phase kann eine andere Phase beeinflussen.[72]

2.4.2.2.1 Internes Umfeld

Das interne Umfeld beschreibt die Risikoneigung und allgemeine Bereitschaft eines Individuums, Risiken einzugehen. Eine Messung der Risikoneigung erfolgt beispielsweise über einen Fragebogen, in welchem die Teilnehmer angeben müssen, wie stark ausgeprägt ihre Risikofreudigkeit in bestimmten Situationen ist, etwa bei Aufgaben im Berufsleben, beim Thema Gesundheit, beim Autofahren, in der Freizeit, beim Sport, beim Vertrauen in andere Menschen oder bei finanziellen Angelegenheiten.

Ein Fragebogen dieser Art wurde als Datenbasis in einer Studie aus dem Jahr 2014 eingesetzt, um die Frage zu klären, ob es einen Zusammenhang zwischen höherer Risikobereitschaft und der Aufnahme oder erfolgreichen Fortführung einer selbstständigen gewerblichen Tätigkeit gibt.[73] Eine Erkenntnis aus dem Paper war, dass eine höhere Risikobereitschaft positiv mit der Gründung eines Unternehmens korreliert. Eine mittel risikofreudige Person – also jemand mit einer nicht zu niedrigen, aber auch nicht zu hohen Risikon-

---

[72] Committee of Sponsoring Organizations of the Treadway Commission (2004, S. 4)

[73] Nieß und Biemann (2014, S. 1002)

eigung – scheint eher dafür geeignet zu sein, eine Firma erfolgreich und über einen Zeitraum von mehreren Jahren fortzuführen.[74]

Bei einer Investition ist zu beachten, dass die Risikoneigung einer Führungskraft die Entscheidung für oder gegen ein Investitionsvorhaben beeinflusst. Da Menschen im Allgemeinen eher risikoscheu sind, kommt es vor, dass ertragreiche und ökonomisch sinnvolle unternehmerische Gelegenheiten nicht genutzt werden, da diese mit Risiken einhergehen. Ein Beispiel wäre die Entscheidung gegen eine Pelletheizung, auch wenn diese Energiegewinnungsform günstiger ist als eine Ölheizung.[75] Eine Lösung könnte sein, dass man das Risiko mit dem Energiedienstleister teilt – siehe dazu auch 2.4.2.2.5.4 „Risikoteilung".

2.4.2.2.2 Zielfestlegung

Ein Unternehmen muss sicherstellen, dass Ziele klar definiert sind und mit der Risikoneigung der Firma bzw. der Geschäftsführung nicht in Widerspruch stehen. KMUs legen Ziele fest, bevor sie sich mit der der Erkennung von Risiken auseinandersetzen. Dies können strategische, operative oder finanzielle Ziele sein. Erst wenn Ziele genau abgegrenzt und konkretisiert sind, lässt sich feststellen, ob ein Risiko vorhanden ist, dass die Erreichung dieser Ziele negativ beeinflussen könnte.[76] Im Rahmen des Planungsprozesses von Projekten müssen Ziele regelmäßig besprochen und abgeklärt werden, um Missverständnisse und Verzögerungen im weiteren Verlauf zu vermeiden, die nur mit hohem Zeit- und Kostenaufwand korrigiert werden können.[77]

---

[74] Nieß und Biemann (2014, S. 1005-1007)

[75] Suhonen und Okkonen (2013, S. 784)

[76] Kim und Vonortas (2014, S. 454)

[77] Rostami, Sommerville, Wong und Lee (2015, S. 92)

Bei der Zielbildung sollte man darauf achten zuerst strategische Ziele zu definieren, da diese allen anderen Zielen übergeordnet sind. In weiterer Folge werden operationelle Ziele festgelegt. Aspekte wie eine möglichst effiziente und effektive Nutzung von Ressourcen, die das Unternehmen verwendet, sind hierbei relevant. Ziel des Reportings sollte es sein, eine möglichst hohe Seriosität der erstellten Berichte zu gewährleisten, da Führungskräfte auf Basis dieser Daten ihre Entscheidungen treffen. Schließlich wird die Einhaltung von gesetzlichen Bestimmungen und Verordnungen wird mit den Compliance-Zielen gewährleistet. Diese Zielkategorien überschneiden sich, das bedeutet, dass ein Ziel auch in mehreren Kategorien gleichzeitig vorkommen kann.[78]

2.4.2.2.3 Ereignisidentifikation

Innerhalb der Komponente Ereignisidentifikation werden vorhandene Risiken für ein Unternehmen ausfindig gemacht. Diese Komponente ist laut der vorliegenden Literatur eine der wichtigsten Phasen im ganzen Risikomanagement-Prozess, da ohne Identifikation des Risikos keine Gegenmaßnahmen zu dessen Abwehr oder Minderung gesetzt werden können.[79]

2.4.2.2.3.1 Credit Risk

Ein Anzeichen dafür, dass sich ein Kunde in Zahlungsschwierigkeiten befindet, sind ausbleibende Zahlungseingänge für bereits erbrachte Leistungen. Die Zahlungsunfähigkeit eines Kunden stellt ein bedeutendes Kreditrisiko für ein Unternehmen dar.[80]

---

[78] Committee of Sponsoring Organizations of the Treadway Commission (2004, S. 3)

[79] Marcelino-Sádaba, Pérez-Ezcurdia, Echeverría Lazcano und Villanueva (2014, S. 329)

[80] Altman et al. (2010, S. 95)

KMUs sind häufig mit der Tatsache konfrontiert, dass sie Darlehen nur erschwert oder zu ungünstigen Konditionen (hohe Zinsen, ungünstige Rück-
zahlungsmodalitäten) erhalten. Ein Liquiditätsengpass für die Durchführung
von Investitionen oder Bezahlung von offenen Rechnungen stellt somit ein
weiteres Risiko dar, da KMUs sehr oft auf finanzielle Mittel von Kreditgebern
angewiesen sind.[81]

2.4.2.2.3.2 Operational Risk

Um Risiken rechtzeitig zu erkennen, gibt es leistbare Risikomanagement-
Lösungen für KMUs, beispielsweise die niederländische Software „WORM project and risk calculator" für Arbeitsunfälle in KMUs. Hierbei handelt es sich
um ein Programm, mit dem sich Risiken erkennen und bewerten lassen. Die
Software wurde ursprünglich für Großunternehmen entwickelt, war aufgrund
des hohen Aufwands in der Anwendung jedoch unbrauchbar für KMUs. Die
für die Software verantwortliche Person im Unternehmen erhält mittels
WORM einen Überblick der Exposures der Mitarbeiter auf die verschiedenen
Bedrohungen am Arbeitsplatz und der vorherrschenden sicherheitsfördern-
den Maßnahmen in der Firma. Führungskräfte in KMUs fehlt es jedoch an
den notwendigen Ressourcen, um die von der Software benötigten Rohdaten
zu generieren. Durch ein Forschungsprojekt aus dem Jahr 2010 konnte die
WORM-Software für KMUs nutzbar gemacht werden. Durch diese Vereinfa-
chung ist es Entscheidern in KMUs möglich, einen schnellen und einfachen
Überblick der Tätigkeiten mit dem höchsten Risikopotential zu erhalten. Zusätzlich informiert einen die Software darüber, welche Maßnahmen gesetzt
werden können, um das Exposure zu minimieren.[82]

---

[81] Pederzoli et al. (2013, S. 112)

[82] Jørgensen et al. (2011, S. 182-183)

2.4.2.2.3.3 Technology Risk

Ein Unternehmen, welches kritische firmenrelevante Daten auf Servern in einem Rechenzentrum speichert, ist vom Verlust oder dem Diebstahl dieser Daten bedroht. Die Server des Rechenzentrums könnten etwa durch einen Brand oder Wasserschaden zerstört werden. Darüber hinaus können Viren die Daten unbrauchbar machen. Wenn über eine ungesicherte Verbindung auf die Daten zugegriffen wird oder sich unbefugte Personen – über das Internet oder einen Einbruch in das Rechenzentrum – unerlaubten Zugang zu firmenkritischen Daten verschaffen, verursacht dies erheblichen Schaden für das betroffene Unternehmen.[83]

2.4.2.2.3.4 Market Risk

Market Risks im Unternehmen können durch eine Analyse der Geschäftstransaktionen erfolgen. Wenn häufig Auslandsgeschäfte durchgeführt werden, welche Fremdwährungszahlungen beinhalten, ist man mit Foreign Exchange Risks konfrontiert. Ein Unternehmen, dass Gelder aus Krediten zur Finanzierung der eigenen Geschäfte verwendet, ist bei einem Darlehen mit variabler Verzinsung von den Referenzzinssätzen abhängig und somit einem Interest rate risk ausgesetzt. Wenn für die Produktion Rohstoffe aus externen Quellen benötigt werden, werden die eigenen Fertigungskosten von der Höhe der Marktpreise dieser Güter beeinflusst. Dies wird als Commodity Price Risk bezeichnet.[84]

2.4.2.2.3.5 Business Risk

Bei Projekten müssen beispielsweise die am häufigsten vorkommenden Probleme bzw. Exposures erkannt werden, die während der Laufzeit eines

---

[83] Brender und Markov (2013, S. 727-728)

[84] Di Giuli et al. (2011, S. 2933-2943)

Projekts auftreten können. Jene Arbeitsschritte müssen erkannt werden, in den Risiken auftreten können und wo das Eintreten eines Risikos Auswirkungen auf die positive Zielerreichung des Projekts hat. Unter anderem müssen die Ursache, die Art und Weise des Auftretens, die Wahrscheinlichkeit, verantwortliche Personen sowie die Konsequenzen des Risikos erkannt werden. Hierbei können Checklisten mit typischen Risiken hilfreich sein.[85]

Gerade KMUs fehlt es oft an den benötigen Ressourcen Geld und Know-how, um eine umfassende Identifikation der vorhandenen Risiken durchzuführen. KMUs können beispielsweise externe Berater engagieren, um Risiken zu identifizieren. Die Kosten für einen solchen Beratungsprozess sind jedoch in der Regel hoch und deshalb für ein kleines Unternehmen nicht finanzierbar.[86]

2.4.2.2.4 Risikobeurteilung

Gefahrenbehaftete Situationen müssen bewertet werden, um deren Eintrittswahrscheinlichkeit und die potentiellen Auswirkungen auf die Organisation abzuschätzen.

2.4.2.2.4.1 *Credit Risk*

Banken führen im Rahmen des Kreditvergabeprozesses eine interne Risikobewertung des potentiellen Debitors durch, welche auf seiner Bonität basiert. Abhängig von der Beurteilung der Kreditfähigkeit des Unternehmens werden in weiterer Folge die Laufzeit des Kredits und die Höhe der zu zahlenden Zinsen festgesetzt. Eine Studie über 668 Kredite aus dem Jahr 2011, welche von deutschen KMUs in Anspruch genommen wurden, hat herausgefunden, dass Kreditberater mehr Entscheidungsfreiheit bei der Festlegung

---

[85] Marcelino-Sádaba et al. (2014, S. 333)

[86] Rostami et al. (2015, S. 93); van Buuren, Koch, van Nieuw Amerongen und Wright (2014, S. 108)

von Kreditkonditionen haben. Dies trifft vor allem dann zu, wenn es sich bei dem möglichen Darlehensnehmer um ein kleines, risikobehaftetes und – hinsichtlich der Beurteilung der Bonität - schwer zu prüfendes Unternehmen handelt.[87]

Unternehmen sollten sich Rahmen der Bewertung ihrer Zahlungsfähigkeit bewusst sein, dass eine momentan nicht zahlbare Verbindlichkeit nicht mit einer sofortigen Verschlechterung der eigenen Kreditwürdigkeit verbunden sein muss. Firmen sollten Faktoren berücksichtigen, die auf eine rasche Verbesserung ihrer Liquidität hindeuten und diese zeitnah den Kreditgebern mitteilen, da diese auf zusätzlichen Informationen angewiesen sind, um ihr internes Kreditrating zu verbessern. Somit ist es für ein Unternehmen möglich, durch die Reduzierung der ungleichen Informationsverteilung das Credit Risk und die damit verbundenen Exposures zu reduzieren.[88]

2.4.2.2.4.2 Operational Risk

Eine Erkenntnis aus einem Artikel zum Thema Verwendung von Wetter-Derivaten in KMUs war, dass Firmen, welche nur selten mit Wetterrisiken konfrontiert sind, keine Risikobewertungen in regelmäßigen Abständen durchführen. Erstaunlich ist gleichzeitig, dass ein hoher Anteil von Unternehmen, welche regelmäßig bis oft Risiken ausgesetzt sind, gar keine Risikobewertungen durchführen.[89] Diese Schlussfolgerung konnte von einer weiteren Arbeit, welche sich mit Weather Risks beschäftigt, bestätigt werden. Vielen KMUs mangelt es an der Fähigkeit, die Ernsthaftigkeit von Extremwetterereignissen zu erkennen. Darüber hinaus wird eine umfassende Analyse

---

[87] Kirschenmann und Norden (2012, S. 735)

[88] Wolter und Rösch (2014, S. 856-857)

[89] Bank und Wiesner (2010, S. 592)

der Unempfindlichkeit des eigenen Unternehmens gegenüber Umweltbedrohungen und der Anpassungsfähigkeit der Firma, im Fall des Auftretens eines Extremwetterereignisses, oftmals vernachlässigt.[90]

2.4.2.2.4.3 Technology Risk

Firmen im Technologiebereich müssen ihre Risiken und Exposures im Rahmen von verschiedenen möglichen Szenarien durchspielen und bewerten. Hierbei werden beispielsweise Auswirkungen auf alle Geschäftsbereiche eines Unternehmens untersucht, welche die Änderung eines Gesetzes, dem die Firma unterliegt, mit sich bringt. Die Position des Mitarbeiters im Unternehmen hat eine Auswirkung darauf, wie man Risiken bewertet. Risiken, di etwa von den eigenen Mitarbeitern ausgehen, werden von Abteilungsleitern oder Managern im IT-Bereich stärker als Bedrohung gesehen als von Führungskräften aus anderen Fachrichtungen. Nicht-IT-Manager sehen den Verlust oder Mangel an Wissen im Unternehmen als größere Bedrohung.[91]

2.4.2.2.4.4 Market Risk

Im Kontext von Market Risks werden Risiken anhand ihrer Eintrittswahrscheinlichkeit und den potentiellen Auswirkungen bewertet. Dies erfolgt durch eine laufende Analyse der Markthandlungen von Konkurrenten, um frühzeitig abzuschätzen, welche Auswirkungen diese Aktionen auf das eigene Unternehmen haben werden. Es wird untersucht, welche Produkt oder Dienstleistungen von existierenden Konkurrenten angeboten werden und welche Vorteile diese gegenüber den selbst hergestellten Leistungen haben. Zusätzlich werden die Handlungen, Leistungen und Marktzugangsstrategien von zukünftigen, noch nicht am Markt tätigen Mitbewerbern untersucht. So-

---

[90] Wedawatta et al. (2011, S. 108)

[91] Grant, Edgar, Sukumar und Meyer (2014, S. 108)

mit wird vermieden, dass für das eigene Unternehmen existenzbedrohende Risiken zu spät oder nicht erkannt werden, weil ihnen zu wenig Aufmerksamkeit bei der Beurteilung gewidmet wurde.[92]

Um die Auswirkungen von Marktpreisrisiken auf eine Firma zu untersuchen, wird oft auf die Maßzahl Value at Risk zurückgegriffen, welche bereits am Schluss von Kapitel 2.2.2 erläutert wurde. Dieses Risikomaß wird in der untersuchten Literatur nicht erwähnt, deshalb wird hier nicht näher darauf eingegangen.

2.4.2.2.4.5 Business Risk

Eine Risikobewertung soll nicht einmalig oder sporadisch, sondern in regelmäßigen Abständen vorgenommen werden. Risiken werden hinsichtlich ihres Einflusses auf die Kostenstruktur, den einzuhaltenden Zeitplan sowie ihrer Eintrittswahrscheinlichkeit bewertet. Im Projektmanagement wird oftmals auf die die so genannte Failure Modes and Effects Analysis (FME-Analyse) zurückgegriffen. Mittels einer FME-Analyse ist es möglich, Risiken zu identifizieren, zu bewerten und Mängel beim Design oder der Herstellung eines Produkts zu vermeiden. Die Durchführung einer FME-Analyse ist auch für KMUs ohne größere Schwierigkeiten möglich.

Eine FME-Analyse beinhaltet unter anderem eine Liste der identifizierten Risiken, welche nach Priorität gereiht sind. Das Gewichtungskriterium ist hierbei der Risk Priority Index oder Risikoprioritätsindex, welcher die Risiken zahlenmäßig hinsichtlich ihrer Auswirkungen auf das Projekt und der Wahrscheinlichkeit des Eintretens gewichtet. Darüber hinaus ist aus der FME-Analyse ersichtlich, welche Maßnahmen das Unternehmen zur Beibehaltung oder Reduzierung des Risikoprioritätsindex setzt. Hierbei werden die dazu

---

[92] Kim und Vonortas (2014, S. 456-460)

nötigen Schritte festgelegt, die verantwortlichen Personen nominiert sowie Fristen für die Durchführung festgesetzt.[93]

2.4.2.2.5   Risikosteuerung

Im Rahmen dieser Komponente wählt das Management geeignete Risikomanagement-Maßnahmen aus, welche mit der Risikofreudigkeit der eigenen Organisation im Einklang stehen sollen. Hierbei können verschiedenste Strategien angewendet werden, die in den folgenden Unterkapiteln näher erläutert werden.

2.4.2.2.5.1 Risikovermeidung

Risiken werden vermieden, wenn man risikobehafteten Situationen bewusst aus dem Weg geht. Die persönliche Grundhaltung eines Entscheidungsträgers, Risiken einzugehen oder zu vermeiden, lässt sich als Risikofreudigkeit definieren.

2.4.2.2.5.1.1   Credit Risk

Die Risikofreudigkeit als Charaktereigenschaft in der Gegenwart gibt Auskunft darüber, ob eine Person in der Zukunft dazu geneigt ist, ein eigenes Unternehmen zu gründen und damit den Weg der riskanten Selbstständigkeit zu wählen.[94] Um ein erforderliches Darlehen für die Gründung aufzunehmen, ist es vorteilhaft, ein Kreditinstitut aufzusuchen, bei dem der potentielle Gründer bereits ein Bankkonto eröffnet hat. Eine gute Bonität über mehrere Jahre ist für den Kreditverhandlungsprozess nützlich, da die Bank auf Basis der Kontohistorie des Kunden einen Informationsvorteil hat und dieses Wissen in die Festlegung der Kreditkonditionen einfließen lässt. Dies

---

[93] Marcelino-Sádaba et al. (2014, S. 333)

[94] Nieß und Biemann (2014, S. 1001)

bedeutet, dass die Informationsasymmetrie zwischen Bank und KMU niedrig ist.[95]

2.4.2.2.5.1.2   *Operational Risk*

Operational Risks und die damit verbundenen Exposures werden vermieden, wenn man beispielsweise darauf verzichtet, eine Niederlassung in einem bestimmten Land zu gründen, weil man die Risiken der unbekannten Rechtslage fürchtet. Ein Geschäftsführer, welcher Änderungen an den internen Abläufen und Strukturen– beispielsweise eine Zusammenlegung von 2 Abteilungen – nicht durchführt, weil er befürchtet, dass die Mitarbeiter diese Entscheidung nicht akzeptieren werden, will potentielle Risiken vermeiden.[96]

2.4.2.2.5.1.3   *Technology Risk*

Eine Risikovermeidungsstrategie hinsichtlich Technology Risk verfolgt, wenn ein Unternehmen so wenig Technologie wie nur möglich im eigenen Betrieb einsetzt und folglich auch keinen Anreiz hat, sich mit der aktuellen technologischen Entwicklung am Markt auseinanderzusetzen. Dies ist häufig nur für traditionell orientierte Handwerksbetriebe, beispielsweise einen Tischer oder eine Näherei, möglich.[97]

2.4.2.2.5.1.4   *Market Risk*

Ein Unternehmen, welches Market Risks vermeidet, versucht so wenig wie möglich von externen Partnern abhängig zu sein. Die Fertigung der Produkte erfolgt großteils ohne fremde Ressourcen. Eine Studie aus dem Jahr 2014 hat festgestellt, dass KMUs das Risiko einer Abhängigkeit von einem anderen

---

[95] Kirschenmann und Norden (2012, S. 731)

[96] Muñoz-Bullón, Sánchez-Bueno und Vos-Saz (2015, S. 481)

[97] Muñoz-Bullón et al. (2015, S. 483)

Unternehmen in der Kategorie hohes bis sehr hohes Risiko eingestuft haben.[98] Wenn sich eine Firma entscheidet, dass Importe oder Exporte grundsätzlich nicht durchgeführt werden, da diese mit einem Währungsrisiko verbunden sind, betreibt das Unternehmen Risikovermeidung. Der Verzicht auf die Rechnungslegung in fremden Währungen ist ein weiterer Aspekt dieser Risikosteuerungskategorie.[99]

2.4.2.2.5.1.5 Business Risk

Business Risks werden vermieden, wenn sich ein Unternehmen dazu entscheidet, langsamer als möglich zu wachsen, um dem Risiko des Scheiterns – im schlimmsten Fall sogar der Insolvenz – zu entgehen. Diese wäre etwa dann der Fall, wenn eine neue Fertigungsstäte errichtet wird um mehr Produkte zu fertigen, aber die erhoffte, gesteigerte Nachfrage nach den zusätzlichen Produkten am Markt ausbleibt. Wenn das Unternehmen gleichzeitig einen Kredit zurückzahlen und offene Eingangsrechnungen begleichen muss, die vorhandenen Geldmittel jedoch in die neue Fabrik investiert wurden, kommt es in weiterer Folge zu einem Liquiditätsengpass oder sogar zu einer Insolvenz. Eine Studie über mehr als 350 spanische Unternehmen aus der Catering- und Modebranche kam zu dem Ergebnis, dass Firmen mit einem moderaten Wachstum weniger oft mit wirtschaftlichen Schwierigkeiten konfrontiert sind als Unternehmen mit einem schnellen Wachstum.[100]

2.4.2.2.5.2 Risikoakzeptanz

Eine Geschäftsentscheidung oder wirtschaftliche Beziehung ist immer mit unternehmerischen Gelegenheiten und Risiken behaftet, wobei es unsicher

---

[98] Grant et al. (2014, S. 102-103)

[99] Aabo et al. (2011, S. 58-60)

[100] Bordonaba-Juste et al. (2011, S. 414)

ist, ob die Chancen oder Risiken schlussendlich realisiert werden können. KMUs sind im Vergleich zu Großunternehmen tendenziell eher dazu geneigt, Risiken zu akzeptieren, als sich gegenüber Bedrohungen abzusichern.[101]

2.4.2.2.5.2.1   *Credit Risk*

Wenn ein Unternehmen ein Darlehen aufnimmt, ohne sich beispielsweise gegen die Folgen einer negativen Entwicklung des Referenzzinssatzes abzusichern, akzeptiert es das vorhandene Kreditrisiko. Darüber hinaus steht man den vorhandenen Risiken gleichgültig gegenüber, wenn man sich nicht oder nur mangelhaft über die Zahlungsfähigkeit seiner Kunden informiert.[102]

2.4.2.2.5.2.2   *Operational Risk*

Eine Arbeit aus dem Jahr 2010, hat festgestellt, dass nur ca. 2 % der untersuchten österreichischen KMUs derivative Finanzinstrumente einsetzen, um sich gegen die negativen Folgen von Unwettern abzusichern.[103] Gründe hierfür sind mangelndes Bewusstsein und Wissen über derivative Finanzinstrumente im Allgemeinen, da KMUs häufig von externen Beraten abhängig sind, wenn es darum geht, Wissen über die Anwendung von derivativen Finanzinstrumenten zu erlangen. KMUs wissen häufig nicht einmal, dass solche Finanzinstrumente am Markt existieren.[104] Außerdem verfügen KMUs in der Regel nicht über eine Risikomanagement-Abteilung, wie dies bei Großunternehmen der Fall ist.[105] Darüber hinaus sind hohe Transaktionskosten ein

---

[101] Bank und Wiesner (2010, S. 589)

[102] Kirschenmann und Norden (2012, S. 735)

[103] Bank und Wiesner (2010, S. 589)

[104] Bank und Wiesner (2010, S. 593)

[105] Bank und Wiesner (2010, S. 591)

weiterer Einflussfaktor für den Verzicht auf Hedging-Maßnahmen. Mit Transaktionskosten sind hierbei die direkten Kosten des Einkaufs von Derivaten gemeint, beispielsweise Gebühren des Börsenmaklers oder Ausgaben für Wetterprognosedatensätze.[106]

2.4.2.2.5.2.3 Technology Risk

Technology Risks sind in der heutigen Gesellschaft allgegenwärtig. Wenn ein Unternehmen seine IT-Infrastruktur nicht oder nur mangelhaft gegen unbefugten Zugriff – durch die eigenen Mitarbeiter oder externe Personen – absichert, akzeptiert es die negativen Konsequenzen eines Datendiebstahls. Ein weiteres Beispiel für Risikoakzeptanz ist es, alle firmenrelevanten Daten an einem einzigen Standort zu speichern und gleichzeitig auf eine periodische Sicherung der Daten zu verzichten.[107]

2.4.2.2.5.2.4 Market Risk

Indem ein Unternehmen nicht auf externe Ereignisse reagiert, entzieht es sich der Auseinandersetzung mit den Market Risks, welche außerhalb des Einflussbereichs der Entscheidungsträger liegen. Ein Beispiel hierfür ist ein neuer Marktteilnehmer, welcher durch seine konkurrierenden und innovativen Produkte die Marktführerschaft des eigenen Unternehmens bedroht. Wenn eine Firma diese Tatsache hinnimmt und nichts dagegen unternimmt, akzeptiert es das Risiko.

2.4.2.2.5.2.5 Business Risk

Eine Firma, welche keine Maßnahmen setzt, um beispielsweise die negativen Folgen eines Ausfalls eines fertigungskritischen Lieferanten abzufedern, ak-

---

[106] Bank und Wiesner (2010, S. 590)

[107] Brender und Markov (2013, S. 728)

zeptiert das vorhandene Business Risk und die damit verbundenen Einnahmenrückgänge. In einer Situation, wo es nur einen monopolistischen Anbieter gibt, hat die Firma keine andere Wahl, als das Risiko zu akzeptieren. In allen anderen Fällen sollte sich das Unternehmen darum bemühen, einen Ersatzbeschaffungsplan oder Reservemengen bereitzuhalten.[108]

2.4.2.2.5.3 Risikoreduktion

Typischerweise versucht ein Unternehmen jene Risiken zu minimieren, welche tiefgreifende Konsequenzen nach sich ziehen können. Abhängig von der Branche, in welcher sich das vorhandene Unternehmen befindet, stehen Führungskräften verschiedenste Risikomanagement-Maßnahmen zur Auswahl.

2.4.2.2.5.3.1   Credit Risk

Banken verhandeln bei der Kreditvergabe in der Regel über so genannte Kreditsicherheiten, etwa Hypotheken oder Eigenkapital, um das Risiko der Nichtrückzahlung durch den Debitor zu minimieren. Um die notwendige Höhe der Sicherheiten zu bestimmen, werden die Darlehenslaufzeit, die Höhe des Kreditbetrags sowie das Kreditrating – intern oder von Gläubigerschutzverbänden - des potentiellen Schuldners herangezogen.[109]

Unternehmen, welche ihren Kunden lange Zahlungsziele gewähren oder mit der verspäteten Bezahlung ihrer offenen Posten konfrontiert sind, können ihre Forderungen an ein Kreditinstitut übertragen, welches Forderungen vor Fälligkeit einkauft. Ein solches Kreditinstitut wird als Factor bezeichnet. Das Unternehmen, welches die Forderung im Rahmen des Factoringvertrags ver-

---

[108] Thun et al. (2011, S. 5511-5516)

[109] Kirschenmann und Norden (2012, S. 735)

kauft, erhält im Gegenzug einen Betrag, der dem abgezinsten Forderungsbetrag, zuzüglich Gebühren für das Factoring, entspricht.[110]

2.4.2.2.5.3.2 Operational Risk

Operationelles Risiko wird minimiert, indem man freie Stellen im Unternehmen nur mit den dafür am besten geeignetsten Mitarbeitern besetzt.[111] Ein gut funktionierendes Steuerungs- und Regelungssystem sowie die Vorgabe, Entscheidungen transparent zu machen, tragen dazu bei, das Risiko, welches durch wirtschaftskriminelle Tendenzen der eigenen Mitarbeiter ausgeht, zu minimieren.[112]

Überdies reduziert ein Betrieb durch Kooperation mit anderen Unternehmen seine technologischen Risiken, Marktrisiken oder operationelle Risiken. Interorganisationale Netzwerke dienen dem Zweck, Zugang zu erforderlichen Rohstoffen, Produkten oder wichtigen Informationen zu erhalten, die in weiterer Folge zur Reduktion von vorhandenen Risiken verwendet werden. Ein Netzwerk hat die Form einer strategischen Allianz, einer Forschungs-und Entwicklungspartnerschaft, eines Franchise- oder Lizenzvertrags, eines Subunternehmertums oder eines Absatz- und Exportförderungsprogramms.[113]

2.4.2.2.5.3.3 Technology Risk

Ein Unternehmen, welches einem technologischen Risiko ausgesetzt ist, minimiert das vorhandene technologische Risiko, indem es die erzeugten Produkte oder angebotenen Dienstleistungen einer laufenden Verbesserung un-

---

[110] Di Giuli et al. (2011, S. 2936-2943)

[111] Kim und Vonortas (2014, S. 457)

[112] Arnulf und Gottschalk (2012, S. 174-175)

[113] Kim und Vonortas (2014, S. 456)

terzieht. Um den Anschluss zu anderen Marktteilnehmern nicht zu verlieren, werden innovative Verbesserungsansätze in bestehende Leistungen eingearbeitet oder neue Produkte oder Dienstleistungen angeboten. Darüber hinaus wird die Abhängigkeit von unternehmenskritischen Lieferanten reduziert. Zusätzlich wird das technologische Risiko durch die Gründung einer eigenen Forschungs- und Entwicklungsabteilung erheblich reduziert, da sich dieser Teilbereich des Unternehmens hauptsächlich mit der Erkennung und Entwicklung von innovativen Produktideen oder Dienstleistungskonzepten beschäftigt.[114]

2.4.2.2.5.3.4 *Market Risk*

Unternehmen können ihre Risiken mit Hilfe von Finanzmarktinstrumenten wie Forwards, Futures, Options oder Swaps reduzieren.[115] Zwei sehr ähnliche Instrumente sind Forwards und Futures. Bei einem Forward verpflichtet sich eine Vertragspartei dazu, ein Finanzinstrument, Eigenkapitalanteile, Rohstoffe oder einen Währungsbetrag zu einem in der Gegenwart festgelegten Preis, an einem bestimmten Tag in der Zukunft, zu kaufen oder zu verkaufen. Forwards werden laut einer Studie aus dem Jahr 2011 von ca. 30 % der untersuchten Unternehmen verwendet, um das Foreign Exchange Risk oder das Commodity Risk zu reduzieren.[116]

Ein verwandtes Instrument stellen Futures dar. Hierbei handelt es sich um einen standardisierten, übertragbaren und an der Börse gehandelten Vertrag, welcher die Lieferung eines Rohstoffs, einer Anleihe, eines bestimmten Währungsbetrags oder eines Aktienkursindex zu einem bestimmten Betrag

---

[114] Kim und Vonortas (2014, S. 458-462)

[115] Di Giuli et al. (2011, S. 2933)

[116] Di Giuli et al. (2011, S. 2933-2943)

in der Zukunft gewährleistet. Der Unterschied zu Forwards besteht darin, dass Futures nur standardisierte Klauseln enthalten, an einer Börse gehandelt werden, der Kontrolle von Aufsichtsbehörden unterliegen sowie von Verrechnungsstellen (Clearinggesellschaften) abgewickelt werden. Futures werden laut der vorher genannten Studie von ca. 17 % der Unternehmen verwendet, um Währungs- oder Rohstoffpreisrisiken zu reduzieren.[117]

Durch eine Option wird der Inhaber berechtigt, bis zu einem bestimmten Zeitpunkt in der Zukunft Eigenkapitalanteile, einen Rohstoff, einen festgesetzten Valutabetrag, einen Aktienindex oder Schuldscheine, zu einem in der Gegenwart fixierten Preis zu erwerben oder zu veräußern. Erwähnenswert ist hierbei, dass der Inhaber der Option nicht verpflichtet ist, seine Option zu nutzen bzw. auszuüben. Optionen werden laut erwähnter Studie von ca. 30 % der Unternehmen verwendet, um das Foreign Exchange oder Commodity Risk zu minimieren.[118]

Bei einem Swap werden Zahlungsströme in der Zukunft zu einem fixierten Preis ausgetauscht, also an die jeweilige Gegenpartei überwiesen. Gewöhnlich handelt es sich hierbei um Zinsswaps, wobei eine Partei fixe Zinszahlungen leistet, während die Gegenseite simultan variable Auszahlungen leistet. Swaps werden laut bereits erwähnter Studie von ca. 18 % der untersuchten Firmen verwendet, um das Interest Rate Risk zu reduzieren. Forwards, Futures, Optionen oder Swaps werden öfter in KMUs verwendet, welche nicht zu 100 % im Besitz der Gründer oder der Familie stehen.[119]

---

[117] Di Giuli et al. (2011, S. 2933-2943)

[118] Di Giuli et al. (2011, S. 2933-2943)

[119] Di Giuli et al. (2011, S. 2933-2943)

Um die Auswirkungen von Währungsrisiken möglichst gering zu halten und die Exposure zu reduzieren, nehmen Unternehmen häufig auch Darlehen in fremder Währung auf. Eine Studie aus dem Jahr 2010 hat herausgefunden, das 25 % aller untersuchten Firmen regelmäßig ihre Währungsrisiken mittels derivativen Finanzinstrumenten in fremder Währung und Fremdwährungsdarlehen absichern.

2.4.2.2.5.3.5 Business Risk

Auf Risiken aufgrund von Veränderungen im Branchenumfeld wird reagiert, indem man sich rasch auf Handlungen der Konkurrenz einstellt. Dies kann erfolgen, indem man ein besseres Produkt als der Mitbewerber auf den Markt bringt oder bestehende Kunden mit Sonderleistungen davon überzeugt, nicht zum Konkurrenten zu wechseln. Beispielsweise kann man kostenlose Produktverbesserungen für Bestandskunden anbieten. Weiters sollte man seine Aufmerksamkeit auf das Feedback von existierenden und potentiellen Kunden lenken. Darüber hinaus sollte man die Marktentwicklung aufmerksam verfolgen und auf Veränderungen, welche durch einen demografischen Wandel, neue Verordnungen oder Gesetze verursacht werden, richtig reagieren, etwa indem man Einfluss auf die Entscheidungen der zuständigen Behörden nimmt.[120]

Ein Unternehmen, welches eine hohe Abhängigkeit von einem bestimmten Rohstoff aufweist, sollte Backup-Lieferanten bereithalten, welche in einer Notsituation die Versorgung der Produktion sicherstellen können. Eine weitere Möglichkeit stellen Sicherungsbestände dar. Hierbei handelt es sich um

---

[120] Kim und Vonortas (2014, S. 458-460)

Reservemengen im Lager, auf welche in Engpasssituationen zugegriffen wird.[121]

2.4.2.2.5.4 Risikoteilung

Risiken und die damit verbunden Exposures werden auf mehrere Parteien verteilt. Dies erfolgt entweder innerhalb der Firma oder über die Unternehmensgrenzen hinweg. Somit es möglich, die negativen Auswirkungen eines unerwarteten Eintretens eines Risikos so gering wie möglich zu halten, da jeweils nur die vom Risiko betroffene Partei mit den Konsequenzen umgehen muss.

2.4.2.2.5.4.1   Credit Risk & Operational Risk

Bei Credit und Operational Risks erfolgt laut der untersuchten Literatur ein Übergang auf einen anderen Vertragspartner, aber keine Teilung. Deshalb werden die beiden Risiken in einem gemeinsamen Kapitel zusammengefasst. Im Zuge einer Investition werden vom Lieferanten Kostensenkungen garantiert. Wenn diese Kostensenkungen nicht eintreten, übernimmt der Lieferant das Kreditrisiko, das Exposure geht also auf ihn über.[122] Operationelle Risiken werden im Rahmen eines Outsourcing-Vertrags an eine Firma übertragen, die auf einen bestimmten Bereich spezialisiert ist und somit auch das Exposure aufgrund von mangelhaften internen Prozessen übernimmt.[123]

2.4.2.2.5.4.2   Technology Risk

Unter einer Community cloud versteht man eine Cloud Infrastruktur, welchen allen teilnehmenden Unternehmen zur Verfügung steht. Mitglieder die-

---

[121] Thun et al. (2011, S. 5514)

[122] Suhonen und Okkonen (2013, S. 784)

[123] Thun et al. (2011, S. 5513-5514)

ser Cloud verfolgen ähnliche Geschäftsziele, haben dieselben Anforderungen an die IT-Sicherheit und an eigens definierte, freiwillige Firmenrichtlinien. Durch den Einsatz einer Community cloud kann das technologische Risiko mit anderen Unternehmen geteilt werden, gleichzeitig wird das zugehörige Exposure reduziert. Darüber hinaus treten Kostensenkungseffekte und Sicherheitsvorteile gegenüber einer öffentlichen Cloud auf.[124]

2.4.2.2.5.4.3   Market Risk

Mittels einer Kooperation wird das Risiko geteilt, dass man Kunden oder Aufträge an einen existierenden oder zukünftigen Konkurrenten verliert. Um das jeweilige Exposure zu reduzieren, schließen sich Unternehmen etwa zu einer Forschungspartnerschaft zusammen, um beispielsweisen die möglichen finanziellen Verluste aufgrund einer nicht erfolgreichen Prototyp-Entwicklung zu minimieren. Eine strategische Allianz ist auf längere Dauer angelegt. Hierbei können Synergien gebündelt werden, um etwa unerwünschte Konkurrenten am Markteintritt zu hindern.[125]

2.4.2.2.5.4.4   Business Risk

Im Rahmen von Projekten werden die auftretenden Risiken oft geteilt und auf mehrere Partner zugewiesen, um die Konsequenzen im Fall von Verzögerungen im Projektablauf, oder gar eines Scheiterns des Projekts, auf verschiedene Unternehmen, Abteilungen oder Personen zu begrenzen. Um ein Projekt eines KMUs oder gemeinsam mit anderen Unternehmen optimal durchzuführen, sollte man auf eine genaue Definition der Ziele, eine umfas-

---

[124] Brender und Markov (2013, S. 727)

[125] Kim und Vonortas (2014, S. 455-456)

sende Planung, eine sauber ausgeführte Abwicklung des Projekts und eine laufende Kontrolle des Projektfortschritts achten.[126]

Dienstleister im Energiebereich unterstützen die Energieeffizienzsteigerung im öffentlichen Bereich und der Industrie. Investitionen im Energiesektor bedürfen einer Verteilung der Risiken, um die Verlustgefahr für die einzelnen Parteien auf einem Minimum zu halten. Der Kunde und der Energiedienstleister sind bei der Entscheidung über eine Investition mit dem Risiko konfrontiert, dass sich die Investition unter Umständen nicht lohnen könnte. Der Kunde ist daran interessiert, die Ausgaben so niedrig wie möglich zu halten. Der Energiedienstleister strebt gleichzeitig nach einem Vertrag mit langer Laufzeit, um den Kunden für lange Dauer an sich zu binden und planbare Cashflows zu generieren.[127] Um das Risiko fair zu verteilen, welches beispielsweise beim Kauf eines neuen Biomasse-Boilers auftritt, könnte vereinbar werden, dass der Kunde die Investitionsausgaben bis zur Höhe eines neuen Boilers trägt. Im Gegenzug würde der Energiedienstleister die Kosten tragen, welche die Ausgaben für einen neuen Boiler überschreiten. Somit ist es möglich, dass der Kunde bereits direkt nach der Investition von niedrigen Energiekosten profitieren wird, der Energiedienstleister wird parallel dazu eine langfristige Vertragsdauer anstreben.[128]

2.4.2.2.6   Kontrollaktivitäten

Risikosteuerungs-Maßnahmen werden oft auf Basis von vordefinierten Prozessen und Regelungen durchgeführt, um einen effizienten Ablauf zu gewährleisten. Entscheidungsträgern ist bewusst, dass ein Nichtvorhandensein

---

[126] Marcelino-Sádaba et al. (2014, S. 331-335)

[127] Suhonen und Okkonen (2013, S. 785)

[128] Suhonen und Okkonen (2013, S. 787)

von klar definierten Prozessen und Handlungsanweisungen im Unternehmen ein Risiko darstellt. Durch das Nichtvorhandensein von Ablaufdokumentationen wird möglicherweise ein zu viel an Bürokratie vermieden, gleichzeitig wird jedoch das Risiko eingegangen, die Effizienz im Unternehmen zu schmälern.[129]

Eigentümer (Principal oder Auftraggeber) haben andere Interessen als Manager (Agent oder Auftragnehmer) haben. Prinzipals haben einen Informationsnachteil gegenüber Agents und vermuten deshalb, dass diese Entscheidungen treffen, die nur ihrem eigenen Vorteil nutzen. Agenten streben danach, ihre Macht im Unternehmen zu erhalten und an sie gerichtete Zahlungen (Gehälter und Boni) zu maximieren. Anleger hingegen haben meist ein kurzfristiges Interesse und wollen möglichst rasch hohe persönliche Vergütungen, beispielsweise Dividenden, erhalten. Manager werden alle vorhandenen und ihnen bekannten Schlupflöcher in Governance-Strukturen nutzen, um ihren subjektiven Nutzen zu erhöhen.[130] Deshalb ist es erforderlich, dass Eigentümer eines Unternehmens Vorkehrungen treffen, um die Anreize für unternehmensschädigendes Verhalten der Agents einzuschränken. Dies lässt sich etwa durch regelmäßige Evaluierung der Arbeit der Agents und vordefinierte Prozesse erreichen. Hierbei ist zu beachten, dass die Einführung von Prozessen und Regelungen mit Transaktionskosten verbunden ist.[131]

Ein Unternehmer hat etwa mittels eines Franchisingvertrags ein Instrument zur Verfügung, seine Franchisenehmer und die mit ihnen verbunden en Risiken zu kontrollieren. Hierbei sind die Kontrollkosten, aufgrund der reduzierten Autonomie der Franchisenehmer geringer, als in einer Situation ohne

---

[129] Grant et al. (2014, S. 104)

[130] Arnulf und Gottschalk (2012, S. 161); Bauweraerts und Colot (2015, S. 41-42)

[131] Arnulf und Gottschalk (2012, S. 161)

Franchisingvertrag. Autonomie bezeichnet in diesem Kontext die Freiheit der Franchisenehmer, eigene Entscheidungen über die Zukunft des Unternehmens zu treffen. Die Kosten der Kontrolle für den Franchisegeber werden jedoch mit der Größe des Netzwerks steigen.[132]

Innerhalb der Supply Chain eines Unternehmens ist es möglich, durch den Einsatz von Radio-Frequency Identification-Chips Business Risks und zugehörige Exposures zu minimieren. Eine Firma möchte etwa verhindern, dass ein Großhändler die selbst erzeugten Produkte an einen Kunden weiterverkauft, der die eigenen Produkte nicht erhalten soll, weil man einen Imageschaden durch das Aufscheinen im Sortiment dieses Kunden befürchtet. Rückschlüsse über den Produktionsprozess eines Vorlieferanten sind eine weitere Motivation für den Einsatz von RFID-Chips. Der Einsatz dieser Technologie dient der Vorbeugung, da Prozesse überwacht und potentielle Behinderungen im Produktionsablauf früh genug kommuniziert werden. Somit ist es möglich, Komplikationen in der Zukunft zu verhindern. Die Einführung im Unternehmen ist jedoch nicht günstig und erfordert hohe Investitionen. In KMUs sind die notwendigen Ressourcen, um solche Technologien optimal einzusetzen, aufgrund von finanziellen und personellen Engpässen jedoch selten vorhanden.[133]

2.4.2.2.7 Information und Kommunikation

Relevante Informationen über die vorhandenen Risiken in einem Unternehmen sollten abteilungsübergreifend kommuniziert werden. Wissen, Erfahrungen und Bewusstsein über vorhandene Risiken, sowie über deren Ursa-

---

[132] Bordonaba-Juste et al. (2011, S. 415)

[133] Thun et al. (2011, S. 5514)

chen und Konsequenzen, ermöglichen es, ein von Kooperation und Vertrauen geprägtes Klima im Unternehmen aufzubauen.[134]

Um Wissen optimal im Unternehmen zu verteilen, sollte man Entscheidungen ausreichend dokumentieren, um die Planung von zukünftigen Aufgaben oder Projekten innerhalb eines KMUs zu erleichtern. Der Know-how-Fluss zwischen den Abteilungen oder Mitarbeitern innerhalb einer Firma ist ein wichtiger Teilbereich des Risikomanagements, da man eher durch Reflexion über vergangene Misserfolge positive Veränderungen bei ähnlichen Vorhaben in der Zukunft erreicht. In der Praxis wird dieser finale Schritt jedoch oft vernachlässigt, da die durchgeführte Tätigkeit als erledigt gesehen wird und die freigewordenen (personellen) Ressourcen anderen Aufgaben gewidmet werden.[135]

Zwischen den Führungskräften und Eigentümern von Unternehmen kommt es regelmäßig zum Problem der Informationsasymmetrie. Die Führungskräfte wissen in der Regel besser über die eigenen Produkte und Dienstleistungen Bescheid als die Inhaber, da den externen Eigentümern das Know-how und die Sichtweise der Experten des operativen Geschäfts fehlen. Dies führt zu einer Vertrauenslücke zwischen den Eigentümern und Führungskräften, welche in weiterer Folge zu Kommunikationsschwierigkeiten führen und die Geschäftsbeziehung belasten werden.[136] Ein erfolgreiches Risikomanagement-System braucht einen gut ausgebildeten Informationsfluss zwischen den Mitarbeitern. Darüber hinaus ist es wichtig, dass alle in das Risikomanagement involvierten Personen dasselbe Verständnis der Unternehmensziele haben, um unbeabsichtigte, gegenseitige Blockaden zu vermeiden. Außer-

---

[134] Marcelino-Sádaba et al. (2014, S. 334)

[135] Marcelino-Sádaba et al. (2014, S. 335)

[136] Kim und Vonortas (2014, S. 458)

dem spielt Erfahrung eine entscheidende Rolle, da Mitarbeiter im Zeitverlauf implizites Wissen über Risikomanagement-Maßnahmen ansammeln.[137] Kurze Kommunikationswege sind dienlich, um Risiken zu vermeiden.[138] Unternehmen, welche sich im Kontext der Entwicklung der eigenen Belegschaft mit der Verbesserung der Kommunikation zwischen den Mitarbeitern beschäftigen, profitieren von Wettbewerbsvorteilen. Mitarbeiter, die ihre persönlichen Erfahrungen im Arbeitsalltag an andere Firmenmitglieder weitergeben.[139]

Um frühzeitig auf das Problem der Nichtrückzahlung eines Kunden zu reagieren, wird das Verhalten des Kunden am Markt überwacht, beispielsweise durch Informationen von Unternehmen, die auch Geschäftsbeziehungen zu demselben Kunden pflegen. In weiterer Folge werden Signale, die für eine verspätete Rückzahlung in der Zukunft interpretiert werden, an die verantwortlichen Personen für das interne Risikomanagement weitergegeben.[140] Debitoren, welche sich bei der Begleichung ihrer ausstehenden Verbindlichkeiten in Verzug befinden, stellen ein Problem für das eigene Unternehmen dar. Um die Credit Risk-Bewertung zu verbessern, werden zusätzliche Informationen über Schuldner gesammelt, die darauf hindeuten, dass eine Begleichung der offenen Rechnungen in der Zukunft als wahrscheinlich einzustufen ist. Dadurch wird das interne Risikomanagement-System durch die Optimierung der ihm zugrundeliegenden Daten verbessert.[141]

---

[137] Rostami et al. (2015, S. 93-94)

[138] Thun et al. (2011, S. 5518)

[139] Kim und Vonortas (2014, S. 459-463)

[140] Kirschenmann und Norden (2012, S. 732)

[141] Wolter und Rösch (2014, S. 846)

Um alle existierenden und zukünftigen Gesetze, Rechtsnormen und unternehmensinternen Richtlinien einzuhalten, ist es für ein Unternehmen notwendig, sich laufend über aktuelle Entwicklungen auf diesem Gebiet zu informieren. So können negative Konsequenzen durch unwillkommene Gesetzesänderungen vermieden werden, das Risk exposure wird gesenkt. gleichzeitig ist es möglich, von positiven Entwicklungen zu profitieren. Der hohe Stellenwert von Informationen kommt in einer Studie über ca. 350 spanische KMUs des Franchisebereichs aus dem Jahr 2009 zum Vorschein. Wenn in den schriftlichen Verträgen zwischen Franchisegebern und Franchisenehmern gegenseitige Informationspflichten festgeschrieben sind, wirkt sich dies positiv auf den Fortbestand des Unternehmens des Franchisenehmers aus. Der Franchisegeber muss seinen Partner etwa über betriebswirtschaftliche Kennzahlen des Franchise-Systems sowie über die Wahrscheinlichkeit des Fortbestands in der Zukunft informieren In weiterer Folge kann der Franchisenehmer besser einschätzen, ob sich eine Partnerschaft mit dem Franchisegeber rentabel ist.[142]

Market Risks und die zugehörigen Exposures werden reduziert, indem Mitarbeiter Informationen über die Konkurrenz oder über Veränderungen des Kundenverhaltens sammelt. Diese Informationen werden an die für das Risikomanagement verantwortlichen Personen weitergeleitet, welche die Daten in ihre Analyse einfließen lassen und in weiterer Folge die Risikomanagement-Maßnahmen adaptieren, um die neuen Exposures zu berücksichtigen.[143]

Um die Auswirkungen des Kreditrisikos gering zu halten, werden Informationen vom Markt an verantwortliche Personen des Risikomanagements kom-

---

[142] Bordonaba-Juste et al. (2011, S. 414)

[143] Kim und Vonortas (2014, S. 458)

muniziert. Beispielsweise ist es wichtig, das Steigen oder Senken der Zinsen am Markt zu beobachten. Wenn die Marktzinssätze relativ hoch sind, kommt es zu Liquiditätsengpässen, weil die Kosten der Refinanzierung für das Unternehmen steigen werden. Dies ist besonders für KMUs problematisch, welche sich noch in der Gründungsphase befinden.[144]

2.4.2.2.8   Überwachung/Monitoring

Risikoindikatoren sollen regelmäßig überprüft werden und bereits identifizierte Risiken, bei auftretenden Änderungen in der Umwelt, angepasst und in weiterer Folge neu definiert werden. Im Rahmen der Überwachungsphase soll man darauf achten, Risikoindikatoren, dazugehörige Sollwerte sowie erlaubte Unter- und Obergrenzen für Indikatoren vorab zu definieren und schriftlich festzuhalten. Es sollte möglich sein, die Datenbasis für die Indikatoren ohne großen Aufwand auf den neuesten Stand bringen zu können, außerdem sollte man auf eine unvoreingenommene Formulierung achten.[145] Überwachung und Monitoring, mit Fokus auf externer Evaluation, wird in der untersuchten Literatur nur in einer Arbeit genauer behandelt, welche im Folgenden näher erläutert wird.

Externe Evaluationen von KMUs erfolgen meistens nicht durch große Wirtschaftsprüfungsgesellschaften, sondern durch so genannte kleine und mittlere Abschlussprüferpraxen. Das Ziel dieser Abschlussprüferpraxen ist es, ein genaueres Verständnis über die Branchenverhältnisse und Geschäftsbeziehungen des Kunden zu erlangen, um in weiterer Folge eine Bewertung der Risiken vorzunehmen, von denen der Kunde betroffen ist. Die Arbeit der Abschlussprüfer ist herausfordernd, da viele ihrer Kunden keine formalisierten Risikosteuerungs-Maßnahmen einsetzen. Durch das Fehlen von explizit defi-

---

[144] Pederzoli et al. (2013, S. 112)

[145] Marcelino-Sádaba et al. (2014, S. 333-334)

nierten Prozessen und Handlungsanweisungen wird eine Analyse der internen Risikosteuerung erschwert.[146]

Die Wirtschaftsprüfung eines KMUs ist sehr aufwändig. Eine Studie aus dem Jahr 2014, welche 38 deutsche und niederländische Abschlussprüferpraxen untersucht hat, kam zu dem Ergebnis, dass die Arbeit an einem Kunden oft mehrere Jahre in Anspruch nimmt. Dies resultiert daher, dass sich die Abschlussprüfer mit dem Kunden und seiner Branche längere Zeit beschäftigen müssen, um ein seriöses Urteil über die Risiken und Exposures abgeben zu können.[147]

Für kleine Firmen wird im Rahmen des Prüfungsprozesses oft keine Prüfung basierend auf einer Risikoanalyse durchgeführt, da die Kosten einer solchen Vorgehensweise den Nutzen überwiegen. Dies gilt sowohl für das Abschlussprüfungsunternehmen als auch für den Kunden. Im Gegensatz dazu wird bei mittleren Unternehmen, welche einen höheren Grad an Komplexität in ihren Abläufen aufweisen, der risikoorientierte Prüfungsansatz gewählt. Dies ergibt sich durch die größere Anzahl an Risiken und Exposures, welche in weiterer Folge zu Problemen im Berichtswesen führen können. Die Risiken werden dann auch in den Arbeitspapieren der Prüfer schriftlich erwähnt und gemeinsam mit dem Kunden besprochen, im Gegensatz zu den kleinen Firmen – mit diesen werden die Risiken oft nur diskutiert, auf eine formale Notiz in den Unterlagen wird verzichtet.[148]

---

[146] Van Buuren et al. (2014, S. 106)

[147] Van Buuren et al. (2014, S. 125)

[148] Van Buuren et al. (2014, S. 120)

2.4.2.2.9   Eignung für KMUs

KMUs haben bei der Einführung eines Risikomanagement-Prozesses oft Schwierigkeiten damit, geeignete Risikomanagement-Maßnahmen für ihr Unternehmen zu finden. Eine Studie aus dem Jahr 2014, welche Daten zu 153 im Baugewerbe tätigen KMUs aus dem Vereinigten Königreich untersucht hat, ist zu dem Ergebnis gekommen, dass dies für KMUs eine sehr große Herausforderung darstellt. Etwa 97 % der untersuchten Firmen gaben an, nur schlecht über die Eignung und Wirtschaftlichkeit der verschiedenen Risikomanagement-Maßnahmen auf dem Laufenden zu sein. Ein Grund hierfür ist die rasante technologische Entwicklung der Baubranche, welche es erschwert, passende Risikomanagement-Maßnahmen auszuwählen. Außerdem fehlt den verantwortlichen Entscheidungsträgern das nötige Wissen über die Vielzahl der vorhandenen Maßnahmen, was eine Selektion weiter erschwert. Mehr als 57 % der untersuchten KMUs fehlen die notwendigen finanziellen Mittel, um Risikomanagement-Maßnahmen zu implementieren. Zusätzlich werden Investitionen in den Bereich des Risikomanagements dadurch erschwert, dass die Mehrheit der KMUs kein Geld in einen Prozess investieren wollen, den sie nicht wirklich verstehen.[149]

---

[149] Rostami et al. (2015, S. 100-101)

3 Conclusio

Das Ziel ist, existierende Literatur zum Thema Risikomanagement in KMUs einer systematischen Analyse zu unterziehen. Dabei wird nach der von Tranfield entwickelten Methode der Systematic Literature Review vorgegangen. Es werden verschiedene Risikoarten erläutert, die laut Literatur für KMUs von Relevanz sind. Darüber hinaus werden der Risikomanagement-Prozess und die von den KMUs gesetzten Risikomanagement-Maßnahmen näher beschrieben.

Der Risikomanagement-Prozess des US-amerikanischen COSO wird in der Literatur häufig zitiert. Das COSO versteht Risikomanagement als einen Prozess, welcher durch den Vorstand, den Aufsichtsrat, die Geschäftsführung oder durch andere leitende Mitarbeiter ausgeführt wird. Die 8 Komponenten Internes Umfeld, Zielfestlegung, Ereignisidentifikation, Risikobeurteilung, Risikosteuerung, Kontrollaktivitäten, Information und Kommunikation sowie Überwachung/Monitoring sollen im Rahmen dieses Prozesses von einem Unternehmen – jedoch nicht zwingend aufeinanderfolgend – durchlaufen werden.

Die mit Abstand wichtigste Komponente des Prozesses stellt die Risikosteuerung dar, da Unternehmen unterschiedlich auf Risiken aus ihrer Umwelt reagieren. Risiken werden demnach von KMUs vermieden, akzeptiert, reduziert oder geteilt.

Im Kontext der Risikovermeidung ist eine gute Beziehung zur eigenen Hausbank von Vorteil, um die Informationsasymmetrie zwischen Bank und KMU zu reduzieren und ein damit verbundenes Kreditrisiko zu vermeiden. Operational Risks wird aus dem Weg gegangen, wenn man darauf verzichtet, Änderungen an den unternehmensinternen Abläufen vorzunehmen, weil man durch eine Umbildung negative Konsequenzen befürchtet. Weiters vermeidet eine Firma mit dem Verzicht auf eine Auslandsniederlassung das daraus resultierende Risk Exposure. Um sich den Folgen von technologischen Risiken zu entziehen, verzichtet ein Unternehmen darauf, technologische Hilfsmittel im Betrieb einzusetzen. Zugleich ist es auch nicht notwendig, sich mit aktuellen technologischen Entwicklungen auseinanderzusetzen. Wenn sich eine Firma dazu entscheidet, Produkte selbst zu fertigen und gleichzeitig die Anzahl externe Partner und Lieferanten so gering wie möglich zu halten, werden Market Risk Exposures vermieden. Um sich den Folgen eines Foreign exchange risks zu entziehen, verzichten Firmen auf die Rechnungslegung in fremder Währung. Business Risks werden begrenzt, wenn eine Firma nicht zu schnell wächst. Durch moderates Wachstum werden die Exposures, welche eine zu rasche Expansion mit sich bringen, vermieden.

Ein Unternehmen akzeptiert die vorhandenen Risiken, wenn es keinerlei Maßnahmen setzt, um das Risk Exposure zu minimieren. Dies ist beispielsweise der Fall, wenn man ein Darlehen mit variabler Verzinsung für eine Investition aufnimmt und sich nicht gegen die negative Entwicklung der Referenzzinssätze absichert. Wenn eine Firma vor Lieferung der Waren nicht die Bonität des Kunden prüft, akzeptiert es das damit einhergehende Kreditrisiko eines Zahlungsausfalls. Das Vorhandensein von Operational Risks wird akzeptiert, weil das Wissen über die Existenz von adäquaten Lösungsmaßnahmen fehlt und hohe Transaktionskosten mit der Implementierung bzw. Anwendung dieser Instrumente verbunden sind. KMUs sind etwa mit dem Einsatz von derivativen Finanzinstrumenten nur wenig vertraut und eine Auseinandersetzung mit diesem Thema ist aufwändig. Eine schlecht gesicherte IT-Infrastruktur erhöht das Technology Risk Exposure und erleichtert den Zugriff auf Daten durch unbefugte Personen. Wenn keine adäquaten Maßnahmen dagegen ergriffen werden, akzeptiert man das Risiko. Ein Betrieb, der nicht darauf reagiert, dass ein neuer Konkurrent die eigene Vormachstellung am Markt bedroht, findet sich mit dem damit einhergehenden Market Risk ab. Reagiert ein Unternehmen auf den Ausfall eines fertigungskritischen Lieferanten mit Indifferenz, wird das Business Risk und die negativen Konsequenzen für die eigene Fertigung hingenommen.

Um Credit Risks und das damit verbundene Exposure zu reduzieren, verkaufen Firmen einen Teil ihrer Forderungen an ein Factoring-Unternehmen. Durch den Verkauf an den Factor wird das Kreditrisiko reduziert, da der diskontierte Rechnungsbetrag, unabhängig von der Zahlungsfähigkeit des Kunden, kurz nach Verkauf der Forderung vom Factor an das Unternehmen überwiesen wird. Durch die Einforderung von Anzahlungen oder Sicherheiten wird das Risiko einer Nichtrückzahlung weiter minimiert.

Ein funktionierendes Steuerungssystem reduziert die Auswirkungen von Operational Risks auf das Unternehmen. Die Vorgabe für Führungskräfte, Entscheidungen in transparenter Form zugänglich zu machen, milden die Folgen von Operational Risks, welche durch kriminelle Handlungen der eigenen Mitarbeiter ausgehen. Netzwerke und Kooperationen reduzieren die Operational Risk Exposures, weil durch den Aufbau von Wissen oder die Beschaffung von Rohstoffen auf externe Ereignisse besser reagiert wird. Wenn sich ein Unternehmen dazu entscheidet, die eigenen Produkte oder Dienstleistungen einer kontinuierlichen Verbesserung zu unterziehen, werden die Auswirkungen von auftretenden technologischen Risiken gemildert. Eine eigene Forschungs- und Entwicklungsabteilung unterstützt die Reduzierung von Risk Exposures, da Lösungen und Innovationen frühzeitig erkannt werden. Mittels derivativen Finanzinstrumenten, etwa Forwards, Futures, Optionen oder Swaps, werden Market Risks reduziert. Schwer zu schätzende Änderungen von Rohstoff oder Währungspreisen in der Zukunft behindern die finanzielle Planung von KMUs. Durch den Einsatz von derivativen Finanzinstrumenten, beispielsweise Forwards, Futures oder Optionen, werden die Exposures von Foreign Exchange Risks und Commodity Price Risks reduziert. Darüber hinaus werden durch die Aufnahme eines Kredits, welcher in fremder Währung notiert, die Auswirkungen einer negativen Kursentwicklung der

ausländischen Währung gemindert. Mit einem Swap wird das Risiko abge-
schwächt, welches von einer ungünstigen Entwicklung der Marktzinssätze
ausgeht.

Bei der Teilung von Risiken werden auftretende Kosten oder Verantwortun-
gen für bestimmte Bereiche auf mehrere Parteien aufgeteilt. Credit und Operational Risks lassen sich auf Basis der untersuchten Literatur nicht aufteilen,
sondern nur auf eine andere Partei übertragen. Das technologische Risiko
und die damit verbunden Exposures werden durch den Einsatz einer Community Cloud-Lösung mit ähnlichen Unternehmen geteilt, da gleichartige
Ziele verfolgt werden und einheitliche Ansprüche an die Sicherheit der Infrastruktur vorhanden sind. Interorganisationale Kooperationen dienen dazu,
Market Risks aufzuteilen, um beispielsweise die Folgen des Markteintritts eines Konkurrenten abzufedern. Eine Forschungspartnerschaft wird die personellen und finanziellen Einbußen auf ein tolerierbares Maß abschwächen,
welche im Fall eines Abbruchs der Forschungstätigkeit oder Scheitern der
Markteinführung eines Produkts auftreten. Bei Projekten kommt es vor, dass
Fristen oder Abgabetermine nicht eingehalten werden. Die damit verbundenen Business Risks werden auf mehrere Personen oder Unternehmen verteilt, um die Konsequenzen und Exposures für jede Partei gering zu halten.
Um unterschiedliche Interessen bzw. Risiken von Anbieter und Kunde zu be-
friedigen, werden die Investitionskosten, welche eigentlich der Kunde zur
Gänze übernehmen müsste, zwischen den beiden Parteien aufgegliedert. In
weiterer Folge wird vom Anbieter eine auf längere Zeit angelegte Geschäftsbeziehung, inklusive laufenden Zahlungen des Kunden, angestrebt. Somit ist
gewährleistet, dass die Business Risks der beiden Parteien fair verteilt sind.

Die Beurteilung von Credit Risks erfolgt unter Zuhilfenahme von Bonitäts-
ratings. Hierbei werden selbst erstellte Bewertungen sowie Ratings von externen Quellen, beispielsweise Gläubigerschutzverbänden, verwendet. Wenn
ein KMU nur selten mit Risiken konfrontiert ist, wird es konsequenterweise

auch nicht in regelmäßigen Abständen Bewertungen dieser seltenen Risiken durchführen. Eine interessante Erkenntnis aus der untersuchten Literatur ist, dass Unternehmen, welche regelmäßig mit operationalen Risiken aus dem Wetterbereich, konfrontiert sind, ebenso keine periodischen Risikobewertungen durchführen. Ein Grund hierfür ist mangelndes Bewusstsein der Entscheidungsträger für die schwerwiegenden Folgen von Extremwetterereignissen. Technologische Risiken und das Ausmaß der Exposures werden oft im Rahmen einer Szenario-Analyse beurteilt. Es wird beispielsweise der theoretische Fall eines Angriffs auf die IT-Infrastruktur des Unternehmens durchgespielt und dessen Folgen untersucht. Weiters werden sich Änderungen von Gesetzen oder Verordnungen in der technologischen Umwelt der Firma niederschlagen, sodass eine Anpassung von bestehenden Strukturen notwendig ist. Eine Bewertung der Market Risks und den daraus resultierenden Konsequenzen ist notwendig, um auf das Verhalten von anderen Konkurrenten zu reagieren und frühzeitig Anpassungen bzw. Optimierungen an den eigenen Produkten oder Dienstleistungen vorzunehmen. Im Kontext von Marktpreisen wird zur Bewertung der Risiken auf die Maßzahl Value at Risk zurückgegriffen, welche in der vorhandenen Literatur jedoch außen vorgelassen wird. Ein möglicher Grund hierfür wird am Ende von Kapitel 2.2.2 angeführt. Unter Zuhilfenahme einer FME-Analyse werden Business Risks einer strukturierten Bewertung unterzogen. Zentrales Element ist hierbei der Risk Priority Index, mit welchem ein vorhandenes Gefahrenpotential hinsichtlich der Eintrittswahrscheinlichkeit und den daraus resultierenden Folgen untersucht wird. Zusätzlich gibt die FME-Analyse Aufschluss darüber, welche Instrumente von den verantwortlichen Führungskräften verwendet werden, um den Risk Priority Index eines Risikos zu reduzieren.

Risiken lassen sich in die 5 Überkategorien Credit Risk, Operational Risk, Technology Risk, Market Risk und Business Risk zusammenfassen und werden weiter untergliedert. Ein erschwerter Zugang zu Darlehen sowie Zahlungsschwierigkeiten von Kunden werden der Kategorie der Credit Risks zugerechnet. Operational Risks umfassen das Weather Risk, das Accident Risk sowie das White-Collar Crime Risk. Bei White-Collar Crime Risk handelt es sich um das Gefahrenpotential, welches von der kriminellen Energie der eigenen Mitarbeiter oder von organisationsfremden Personen ausgeht. Beim Technology Risk sind unter anderem die Aspekte IT-Sicherheit und Erfüllung gesetzlicher Auflagen von Relevanz. Unternehmen müssen die technologische Entwicklung in ihrer Umwelt kontinuierlich beobachten, um das Risk Exposure so gering wie möglich zu halten. Market Risk umfasst das Risiko, welches von Konkurrenten der gleichen Branche ausgeht. Darüber hinaus rechnet man dem Market Risk noch andere Teilbereiche hinzu - das Foreign Exchange Risk, das Interest Rate Risk sowie das Commodity Risk. Alle 3 Unterarten beziehen sich auf Exposures, die aus negative Entwicklungen der Marktpreise resultieren. Die letzte der 5 Überkategorien bildet das Business Risk. Unter Business Risks werden die Risikokategorien Franchisor Failure Risk sowie Supply Chain Risk gruppiert. Supply Chain Risk bezeichnet das Risiko, das ein vorgelagerter Lieferant oder nachgelagerter Abnehmer eines Unternehmens nicht rechtzeitig liefert oder die erzeugten Produkte nicht abgenommen werden. Dieses Risiko gewinnt in der globalisierten Wirtschaft an Bedeutung.

Es ist fraglich, inwiefern der Risikomanagement-Prozess des COSO für KMUs von Relevanz ist, da dieser auch von Großunternehmen verwendet wird und in KMUs oftmals keine personellen oder finanziellen Ressourcen für ein aufwändiges Berichtswesen oder kostenintensive Kontrollaktivitäten, beispielsweise laufende Evaluierungen der Unternehmensprozesse, vorhanden sind. KMUs, welche die Einführung eines Risikomanagement-Prozesses im Unternehmen erwägen, sind bei der Recherche nach Risikomanagement-Maßnahmen häufig mit dem Problem konfrontiert, dass sie keine passenden Maßnahmen finden können, die sich für das eigene Unternehmen als geeignet erweisen. Mangelndes Wissen der Entscheidungsträger über allgemein Tauglichkeit und Wirtschaftlichkeit der vorhandenen Instrumente stellen die

Hauptgründe für diese Problematik dar. Nicht vorhandene finanzielle Ressourcen und der fehlende Wille, die vorhandenen Reserven in ein Risikomanagement-System zu investieren, dessen Funktionsweise man nicht vollständig versteht, sind weitere Barrieren der Implementierung. Trotz intensiver Literaturrecherche weiterhin unklar, wie genau Risikomanagement in KMUs abläuft. Nur wenige KMUs haben aufgrund der mangelnden Personal- und Finanzmittel eine eigene Risikomanagement-Abteilung oder setzen – wenn überhaupt versucht wird, das Risiko-Exposure zu minimieren – einen umfassenden Risikomanagement-Prozess ein.

In der zukünftigen Forschung zum Thema Risikomanagement in KMUs sollte darauf geachtet werden, dass das Forschungsfeld besser strukturiert und die Vielzahl an Ansätzen und Theorien zum Thema Risikomanagement verdichtet werden. Es sollte ein Übereinkommen dahingehend getroffen werden, welche Risikomanagement-Maßnahmen für KMUs wirklich von Relevanz sind. Eine genaue Beschreibung der Instrumente, mit einem Hinweis, für welche Branchen sie sich besonders gut eignen, ist für viele KMUs hilfreich. Damit ist es in weiterer Folge möglich, nur die Phasen des Prozesses im Unternehmen abzubilden, welche auch wirklich für den laufenden Betrieb und die Kontrolle desselbigen relevant sind. Dies würden die Einführung eines Risikomanagement-Systems und die Anwendung der Instrumente in der Praxis begünstigen, gleichzeitig wird die Forschung auf diesem Gebiet erleichtert. Um die Erfolgskennzahlen von verschiedenen Firmen im Rahmen einer Studie zu vergleichen, kann etwa auf die Verwendung bestimmter Phasen bzw. Instrumente des Risikomanagements verwiesen werden, welche über das gesamte Forschungsgebiet einheitlich definiert sind.

4 Einschränkungen

Schließlich wird noch auf die Grenzen der vorliegenden Masterarbeit eingegangen. Durch die Einschränkung auf Suchergebnisse aus der Region Westeuropa wurden wichtige Erkenntnisse aus anderen Gebieten der Welt von
vornherein ausgeschlossen. Durch ähnlich ablaufende Prozesse innerhalb der
KMUs wären etwa Erkenntnisse zum Risikomanagement aus den USA oder
Kanada auch für europäische Firmen von Interesse. Die geografische Beschränkung wurde deswegen gewählt, um einen Überblick des aktuellen
Stands der Forschung zu Risikomanagement in Westeuropa zu erhalten und
um die große Menge an themenrelevanter Literatur für den Rahmen einer
Masterarbeit bewältigbar zu machen.

Darüber hinaus sind die Ergebnisse jeder Systematic Literature Review abhängig von den vorab definierten Schlüsselwörtern für die Literaturrecherche
und somit subjektiv durch den Autor beeinflusst. Mit anders gewählten
Schlüsselwörtern würden die Datenbanken andere Ergebnisse liefern und in
weiterer Folge das Endresultat einer Forschungsarbeit verändern. Möglicherweise gibt es Artikel, die sich auf Westeuropa und Risikomanagement beziehen, innerhalb ihrer Arbeit aber Begriffe abweichend von den Schlüsselwörtern verwenden und von den Betreuern der Datenbanken auch nicht mit kor-
rekten Schlagwörtern klassifiziert wurden. Solche Beiträge werden in weiterer Folge nicht in der Ergebnisliste aufscheinen und bleiben in der untersuchten Literatur unbeachtet. Mit allgemeineren Suchbegriffen zum Thema Risiko
und Management wäre zwar mehr Literatur vorhanden gewesen, mit dem
Nachteil, dass viele dieser Ergebnisse Literatur in weiterer Folge als irrelevant für das vorliegende Thema eingestuft worden wären. Interessanter-
weise kam ein viel zitiertes Maß für Risiko – der Value at Risk – in der untersuchten Literatur nicht vor. Eine mögliche Erklärung hierfür ist am Ende von
Kapitel 2.2.2 zu finden.

Die vorgenommene Klassifizierung der Risikoarten aus der untersuchten Literatur ist subjektiv und würde von anderen Autoren möglicherweise basierend auf anderen Kriterien aufgebaut werden. Es gibt etwa in der existierenden Literatur zum Thema Risikomanagement unterschiedliche Meinungen dazu, welche Risikoarten dem Bereich Operational Risk zugeordnet werden sollen. Unter Umständen könnte man Supply Chain Risk dem operationellen Risiko unterordnen, da dies in bestimmten Fällen – zum Beispiel bei starker Abhängigkeit von einem monopolistisch agierenden Vorlieferanten – vom Unternehmen nicht beeinflussbar ist. Im Kontext der vorliegenden Arbeit wurde die Einteilung als Unterart der Business Risks jedoch als zweckmäßig und sinnvoll angesehen.

Konkrete Maßnahmen zu den Phasen „Kontrollaktivitäten" und „Überwachung/Monitoring" des Risikomanagement-Prozesses des COSO bleiben in der untersuchten Literatur nahezu unerwähnt. Eine mögliche Erklärung hierfür ist die Tatsache, dass in KMUs auf ein aufwändiges Berichtswesen, welches mit einem hohen Maß an Bürokratie und Personalaufwand verbunden ist, verzichtet wird. Vermutlich ist aus demselben Grund eine laufende Überwachung und Verbesserung aller Komponenten des Risikomanagement-Prozesses in klein strukturierten Firmen nur selten möglich.

Literaturverzeichnis

Aabo, T., Kuhn, J. & Zanotti, G. (2011). Founder family influence and foreign exchange risk management. *International journal of managerial finance : IJMF, 7* (1), 38-67.

Altman, E. I., Sabato, G. & Wilson, N. (2010). The value of non-financial information in small and medium-sized enterprise risk management. *The Journal of Credit Risk, 6* (2), 95-127. Verfügbar unter https://scholar.google.com/citations?view_op=view_citation&continue=/scholar%3Fhl%3Den%26as_sdt%3D0,5%26scilib%3D1&citilm=1&citation_for_view=x9jybukAAAAJ:Wp0gIr-vW9MC&hl=en&oi=p

Arnulf, J. K. & Gottschalk, P. (2012). Principals, agents and entrepreneurs in white-collar crime. An empirical typology of white-collar criminals in a national sample. *Journal of strategic management education : JSME, 8* (3), 157-178.

Bank, M. & Wiesner, R. (2010). The use of weather derivatives by small- and medium-sized enterprises. Reasons and obstacles. *Journal of small business and entrepreneurship, 23* (4), 581-600.

Bauweraerts, J. & Colot, O. (October 2015). Does the Risk of Managerial Entrenchment Affect CEO Dismissal in Family SMEs? *International Business Research,* 41-51. 8 / 10. Verfügbar unter http://ccsenet.org/journal/index.php/ibr/issue/archive

Beasley, M., Pagach, D. & Warr, R. (2008). Information Conveyed in Hiring Announcements of Senior Executives Overseeing Enterprise-Wide Risk Management Processes. *Journal of Accounting, Auditing & Finance, 23* (3), 311-332. Verfügbar unter http://content.ebscohost.com/ContentServer.asp?T=P&P=AN&K=33064755&EbscoContent=dGJyMM-To50Sep684y9fwOLCmr06eprFSsau4S7GWxWXS&ContentCustomer=dGJyMPGut0m1qq5OuePfgeyx%2BEu3q64A&D=buh

Beasley, M. S., Clune, R. & Hermanson, D. R. (2005). Enterprise risk management. An empirical analysis of factors associated with the extent of implementation. *Journal of Accounting and Public Policy, 24* (6), 521-531.

Bonfanti, A., Battisti, E. & Pasqualino, L. (2016). Social entrepreneurship and corporate architecture. Evidence from Italy. *Management Decision, 54* (2), 390-417.

Bordonaba-Juste, V., Lucia-Palacios, L. & Polo-Redondo, Y. (2011). An analysis of franchisor failure risk. Evidence from Spain. *Journal of Business & Industrial Marketing, 26* (6), 407-420.

Bouncken, R. B., Komorek, M. & Kraus, S. (2015). Crowdfunding. The current state of research. *International business and economics research journal, 14* (3), 407-416.

Brender, N. & Markov, I. (2013). Risk perception and risk management in cloud computing Results from a case study of Swiss companies. *International Journal of Information Management, 33* (5), 726-733.

Brustbauer, J. (2015). Enterprise risk management in SMEs. Towards a structural model. *International Small Business Journal, 34* (1), 70-85.

Committee of Sponsoring Organizations of the Treadway Commission. (2004). *Enterprise risk management - integrated framework*. New York: Committee of Sponsoring Organizations of the Treadway Commission. Verfügbar unter http://www.coso.org/documents/coso_erm_executivesummary.pdf

Di Giuli, A., Caselli, S. & Gatti, S. (2011). Are small family firms financially sophisticated? *Journal of Banking & finance, 35* (11), 2931-2944.

Dubey, R. (2015). An insight on soft TQM practices and their impact on cement manufacturing firm's performance. *Business Process Management Journal, 21* (1), 2-24.

Durach, C. F., Wieland, A. & Machuca, J. A. D. (2015). Antecedents and dimensions of supply chain robustness a systematic literature review. *International Journal of Physical Distribution & Logistics Management, 45* (1/2), 118-137.

European Commission. (2003). Commission Recommendation of 6 May 2003 concerning the definition of micro, small and medium-sized enterprises. *Official Journal of the European Union, OJ L 124,* 36-41. Verfügbar unter http://eur-lex.europa.eu/legal-content/EN/TXT/?uri=URISERV%3An26026

Falkner, E. M. & Hiebl, M. R. W. (2015). Risk management in SMEs. A systematic review of available evidence. *Journal of risk finance : the convergence of financial products and insurance, 16* (2), 122-144.

Fraser, J. R., Schoening-Thiessen, K. & Simkins, B. J. (2008). Who Reads What Most Often? A Survey of Enterprise Risk Management Literature Read by Risk Executives. *Journal of Applied Finance, 18* (1), 73-91. Verfügbar unter http://content.ebscohost.com/ContentServer.asp?T=P&P=AN&K=34667282&EbscoContent=dGJyMMTo50Sep684y9fwOLCmr06eprZSs624TbSWxWXS&ContentCustomer=dGJyMPGut0m1qq5OuePfgeyx%2BEu3q64A&D=buh

Grant, K., Edgar, D., Sukumar, A. & Meyer, M. (2014). 'Risky business' Perceptions of e-business risk by UK small and medium sized enterprises (SMEs). *International Journal of Information Management, 34* (2), 99-122.

Hansen, E. & Schaltegger, S. (2016). The Sustainability Balanced Scorecard A Systematic Review of Architectures. *Journal of Business Ethics, 133* (2), 193-221.

Holton, G. A. (2004). Defining Risk. *Financial Analysts Journal, 60* (6), 19-25. Verfügbar unter http://content.ebscohost.com/ContentServer.asp?T=P&P=AN&K=15277136&EbscoContent=

dGJyMN-
Le80Sep644y9fwOLCmr06eprNSrq%2B4Sa6WxWXS&ContentCustomer=dGJyMPGut0m1qq5
OuePfgeyx%2BEu3q64A&D=buh

International Organization for Standardization. (2009). *ISO 31000:2009. Risk management —
Principles and guidelines:* International Organization for Standardization. Verfügbar unter
https://www.iso.org/obp/ui/#iso:std:iso:31000:ed-1:v1:en

Jørgensen, K., Jan Duijm, N. & Troen, H. (2011). Demonstration of risk profiling for promoting
safety in SMEs. *International Journal of Workplace Health Management, 4* (2), 179-193.

Jorion, P. (2007). *Value at Risk. The New Benchmark for Managing Financial Risk* (3rd ed.). New
York: McGraw-Hill. Verfügbar unter
http://www.loc.gov/catdir/enhancements/fy0659/2006015513-b.html

Keasey, K., Othman, R. & Ameer, R. (2009). Market risk disclosure. Evidence from Malaysian
listed firms. *Journal of Financial Regulation and Compliance, 17* (1), 57-69.

Kim, Y. & Vonortas, N. S. (2014). Managing risk in the formative years. Evidence from young
enterprises in Europe. *Technovation, 34* (8), 454-465.

Kirschenmann, K. & Norden, L. (2012). The relationship between borrower risk and loan maturity in small business lending. *Journal of business finance & accounting : JBFA, 39* (5/6), 730-
757.

Marcelino-Sádaba, S., Pérez-Ezcurdia, A., Echeverría Lazcano, A. M. & Villanueva, P. (2014). Project risk management methodology for small firms. *International journal of project management, 32* (2), 327-340.

Mell, P. & Grance, T. (2011). *The NIST Definition of Cloud Computing. Recommendations of the
National Institute of Standards and Technology,* National Institute of Standards and Technology. Zugriff am 13.04.2016. Verfügbar unter
http://nvlpubs.nist.gov/nistpubs/Legacy/SP/nistspecialpublication800-145.pdf

Muñoz-Bullón, F., Sánchez-Bueno, M. J. & Vos-Saz, A. (2015). Nascent entrepreneurs' personali-
ty attributes and the international dimension of new ventures. *International Entrepreneurship and Management Journal, 11* (3), 473-492.

Nieß, C. & Biemann, T. (2014). The role of risk propensity in predicting self-employment. *Journal
of Applied Psychology, 99* (5), 1000-1009.

Oliva, F. L. (2016). A maturity model for enterprise risk management. *International Journal of
Production Economics, 173,* 66-79.

Pederzoli, C., Thoma, G. & Torricelli, C. (2013). Modelling Credit Risk for Innovative SMEs the
Role of Innovation Measures. *Journal of Financial Services Research, 44* (1), 111-129.

Rostami, A., Sommerville, J., Wong, I. L. & Lee, C. (2015). Risk management implementation in small and medium enterprises in the UK construction industry. *Engineering, Construction and Architectural Management, 22* (1), 91-107.

Suhonen, N. & Okkonen, L. (2013). The Energy Services Company (ESCo) as business model for heat entrepreneurship-A case study of North Karelia, Finland. *Energy Policy, 61,* 783-787.

The European Parliament And The Council Of The European Union. (2009). Directive 2009/138/EC of the European Parliament and of the Council of 25 November 2009 on the taking-up and pursuit of the business of Insurance and Reinsurance (Solvency II). *Official Journal of the European Union, OJ L 335* (1–155). Verfügbar unter http://eur-lex.europa.eu/legal-content/EN/ALL/?uri=celex%3A32009L0138

The Institute of Risk Management. (2002). *A Risk Management Standard*. London: The Institute of Risk Management. Verfügbar unter https://www.theirm.org/media/886059/ARMS_2002_IRM.pdf

Thun, J.-H., Druke, M. & Hoenig, D. (2011). Managing uncertainty - an empirical analysis of supply chain risk management in small and medium-sized enterprises. *International Journal of Production Research, 49* (18), 5511-5525. Verfügbar unter http://content.ebscohost.com/ContentServer.asp?T=P&P=AN&K=63634568&EbscoContent=dGJyMNXb4kSeqLE4y9fwOLCmr06eprRSr6e4SrSWxWXS&ContentCustomer=dGJyMPGut0m1qq5OuePfgeyx%2BEu3q64A&D=buh

Tranfield, D., Denyer, D. & Smart, P. (2003). Towards a Methodology for Developing Evidence-Informed Management Knowledge by Means of Systematic Review. *British Journal of Management, 14* (3), 207-222.

Van Buuren, J., Koch, C., van Nieuw Amerongen, N. & Wright, A. M. (2014). The Use of Business Risk Audit Perspectives by Non-Big 4 Audit Firms. *AUDITING: A Journal of Practice & Theory, 33* (3), 105-128.

Wedawatta, G., Ingirige, B., Jones, K. & Proverbs, D. (2011). Extreme weather events and construction SMEs. *Structural Survey, 29* (2), 106-119.

Wolter, M. & Rösch, D. (2014). Cure events in default prediction. *European Journal of Operational Research, 238* (3), 846-857.